大展好書　好書大展
品嘗好書　冠群可期

大展好書　好書大展
品嘗好書　冠群可期

序言──明日幸福生活的指南

「占卜」可以窺古觀今，亦是探尋美好遠景的指標。在許多占卜術當中，「十二生肖占卜術」是中國自古以來傳統的重心，遵循陰陽法規並加以合理的推斷。因此，它是自古到今掌握人類運勢的神秘占卜術。

一個不甚瞭解占卜術的人，也許會說：「那個人是馬年生的，所以個性較活潑、開朗！」或是「這個人是鼠年生的，有刻苦、勤儉的精神！」等等。

因此，大多數的人對於出生年次的不同，所造成的性格差異，都有某種程度的認識。

可見「十二生肖占卜術」是如何深植一般人的心裡，並且與我們的生活息息相關。

本書是將「十二生肖占卜術」的奧秘，以及「血型性格判斷」的精華，做一空前的大結合。

我們可根據由出生年歲所推測的運勢和性格，加上精密的血型判斷，使我們更進一步地瞭解自己，並在未來生活中，發揮截長補短的功能。

在人生的旅途中，將會與何人相遇?會發生什麼事情?本書在性格、緣份、愛、婚姻、人生等方面均有詳細解說，它將幫助您踏上幸福美滿的人生旅程。

目錄

十二生肖表

你的出生年代(民國)					生肖
民國 49 年	民國 37 年	民國 25 年	民國 13 年	民國 1 年	鼠 
民國 50 年	民國 38 年	民國 26年	民國 14 年	民國 2 年	牛 
民國 51 年	民國 39年	民國 27 年	民國 15 年	民國 3 年	虎 
民國 52 年	民國 40 年	民國 28 年	民國 16 年	民國 4 年	兔 
民國 53 年	民國 41 年	民國 29 年	民國 17 年	民國 5 年	龍 
民國 54 年	民國 42 年	民國 30年	民國 18 年	民國 6 年	蛇 
民國 55 年	民國 43 年	民國 31 年	民國 19 年	民國 7 年	馬 
民國 56 年	民國 44 年	民國 32 年	民國 20 年	民國 8 年	羊 
民國 57 年	民國 45 年	民國 33 年	民國 21 年	民國 9 年	猴 
民國 58 年	民國 46 年	民國 34 年	民國 22 年	民國 10 年	雞 
民國 59 年	民國 47 年	民國 35 年	民國 23 年	民國 11 年	狗 
民國 48 年	民國 36年	民國 24年	民國 12 年	民前 1年	豬 

7 十二生肖表

你的出生年代(民國)					生肖
民國 109 年	民國 97 年	民國 85 年	民國 73 年	民國 61 年	鼠 
民國 110 年	民國 98 年	民國 86 年	民國 74 年	民國 62 年	牛 
民國 111 年	民國 99 年	民國 87 年	民國 75 年	民國 63年	虎 
民國 112 年	民國 100 年	民國 88 年	民國 76 年	民國 64 年	兔 
民國 113 年	民國 101 年	民國 89 年	民國 77 年	民國 65 年	龍 
民國 114 年	民國 102 年	民國 90 年	民國 78 年	民國 66 年	蛇 
民國 115 年	民國 103 年	民國 91 年	民國 79 年	民國 67 年	馬 
民國 116 年	民國 104 年	民國 92 年	民國 80 年	民國 68 年	羊 
民國 117 年	民國 105 年	民國 93 年	民國 81 年	民國 69 年	猴 
民國 118 年	民國 106 年	民國 94 年	民國 82 年	民國 70 年	雞 
民國 119 年	民國 107 年	民國 95 年	民國 83 年	民國 71 年	狗 
民國 108 年	民國 96 年	民國 84 年	民國 72年	民國 60年	豬 

AB血型

AB 血型人的一般性格

一、凡事都以常理來判斷

AB型的你是屬於「事理分析型」的人。不像O型人大而化之、乾脆俐落，而是任何細節部份都經過周密的考慮後，才做決定。

對於不合理或是無法用理論解說清楚的事情，AB型的你往往會加以反駁排拒。但是，你的排拒意識不會誇張地表現出來，而是冷靜地在內心處理你所反對的事情。因此，周圍的人會覺得你是個很冷漠的人。

另外，對事情的利害得失計較得非常清楚。你不會去做有損自己利益的事，所以，有時會被人稱為「吝嗇鬼」。但你對於合理的事，又會非常積極地去參與。

像這樣既現實又重事理的人，卻對宗教、藝術方面十分熱衷，雖然表面上看起來很冷漠，但實際上是個感情豐富的人，並且有非常感性的一面。

有時你那大膽又獨特的作風，幾乎到了別人會說你是個「怪人」的程度，因為你具有直截了當地洞悉事理的能力，所以，有你一貫的獨特作為。

二、有強烈的自我意識

不論是讀書或工作，都講求效率。不但懂得善用時間，而且人際關係做得十分圓滑周到。

但AB型的你，缺點是缺乏耐心和毅力。由於不喜歡重複地做同樣一件事，所以，對於長期地讀書或工作，往往到了高潮階段之後，就會很明顯地失去繼續奮鬥的意志力，這是很遺憾的事。

在愛情方面，AB型的人是耿直純真的，但也有冷漠和不耐煩的時候。對異性朋友雖然會積極地交往，但是，往往連自己都分不清到底是真正的戀愛呢？還是只不過是個愛情遊戲罷了？

如果是真正的戀愛，那麼，你會很純情樸實地對待你所愛的人。如果只是一場遊戲，那麼，你會惡作劇似地使得對方不知所措，而變成一種沒有實質的情感。

在服裝和談吐方面，都高人一等，很能引起異性的注意，然而AB型的你，本身就是個主動型的人，所以，你對於自己不喜歡的對象是不會接受的。

AB型的人不僅在愛情方面如此，其他方面也是一樣地有很強烈的自我意識。不但對於行為粗魯的人有很大的厭惡感，即使和朋友、知己交往也會保持適當距離。

AB血型

鼠年生的人

性格——柔順中帶有冷漠

AB型鼠年出生的你，表面上看起來很和善溫順，給人的感覺是心胸寬大的人。但在你的心裡，卻是很冷漠嚴肅的，凡事都要自己做判斷。

比如說，你和朋友對某個問題有了激烈的議論時，你會和顏悅色地聽朋友說明；但是，當朋友不在場時，就會很猛烈地批評對方的意見。也許是因為如此，所以，你會被人稱為是個有心機的人。

AB型的人雖然說話機智又富有幽默感，但往往不願表露自己的心思，所以，常使人覺得你很沒有人情味。

由於天性秉賦優異，事務的處理上能做得盡善盡美。AB型人的特徵是做任何事情都有周詳的計畫，尤其是處理財務方面更是別人無法比得上的。

由於自我為主的意識很強，所以，凡是對你有所虧損的事，你絕不會去做。因此，會被別人譏諷為「吝嗇鬼」或是「利己主義者」。

愛幻想也是這種人的特徵，往往沉溺在自己描繪的幻想世界裡。

人際關係——不善於表達自己

AB型鼠年出生的人，無論對多麼親近的朋友，也不會表達自己的情感，因而總是給人一種很冷漠的感覺。

實際上，你是個親切又熱心助人的人，當朋友有所請求時，你不會拒絕，甚至會停下自己的工作來幫助對方，只是你本性拙於表現自己，所以，無法讓對方體會你的熱忱，這是很可惜的。

在工作方面，人際關係卻能做得非常融洽，因為你很活躍，對工作又非常注重，因此，在公司裡很受歡迎，上司也很器重你。

但是，在這競爭激烈的社會，由於你的聰明才智，又沒有與人爭權奪利的念頭，很受到同事和屬下的歡迎。

在人際關係上，AB型鼠年生的你特別要注意的是，脾氣不要太暴躁，更不要為了一件小事大動肝火。

人生——年輕時候會有比較艱辛的體驗

AB型鼠年生的人，小時候屬於聰明伶俐型的。壞的一面是不太可愛，少了小孩那份應有的天真，不太愛笑也不太愛哭。

到了青少年時期，很少與朋友一起聊天，常常喜歡一個人看一些文藝書籍。也許就因為這樣，朋友對你有說不出的好感。

AB型鼠年生的人，雖然喜歡單獨行動，但對交友卻從不疏忽草率。儘管不太愛講話，也會有幾個志同道合的好朋友。

雖然你是個理智型的人，但你在年輕時期，別人還無法感覺出這一特點，反而覺得你冷漠寡言，精神容易渙散氣餒。但隨著歲月的增長，你的理智型特點就會慢慢地發揮出來。

年輕時候和朋友比較起來，成就會略遜一籌，但隨著過去艱辛的經驗累積，就能漸漸地發揮出你與生俱來的潛能，不久就能迎頭趕上，甚而出類拔萃。

機運——因旺盛的鬥志力而掌握住好運氣

AB型鼠年出生的人，比較不懂得推銷自己，所以，在社會的競爭上顯得不很積極，但這只是表面上而已。

因為有很嚴謹的人生計畫，雖然沒有將自己的意欲表現出來，但在內心裡卻有很激昂的奮鬥力。

若真的發揮出你那旺盛的鬥志力的話，那麼，無論是怎樣的好運氣，都能被你掌握住。但要特別注意一點，不可貪得無厭，這是很重要的。

職業——從事分析、整理的工作比創作好

AB型鼠年出生的人，與其從事創作性質的工作，不如在現實生活中從事分析、整理的工作，較能發揮本身的才華。

這種人的個性，很受大家歡迎，所以，在工作上能得到別人的幫忙。

適合從事的職業有：空中小姐、護士、電腦操作員、電視導演、報導文學作家、劇本作家等等。此外，如果在運動方面有專長的話，可以做職業教練。

愛情——是個對異性非常體貼的人

AB型鼠年出生的人，會花費許多心思來對待你所愛的人。比如說，在約會的時候，只要你注意到對方想要什麼東西，在下一次約會時，一定會給對方帶來。雖然你很盡心盡力地表達出自己的意思，但對方是否能感受到，那就不得而知了。

如果對方能體會出你的真情，且表示感謝並進而真心相待時，當然你的愛情就不會有問題。如果對方因你太過殷勤而畏縮退卻不前，那就讓對方獨自一人，不要去困擾對方比較好。

AB型鼠年生的人，如果自己的愛情不順利，就會突然變得任性放肆起來，向對方亂發脾氣。此外，對於不滿之處會向第三者抱怨，然後默默地期望經由第三者轉達自己的意思。

你的精明能幹在愛情世界裡，發揮不了作用。笨拙的追求方式，很容易眼看著特意追到的對象揮手離去。

如果彼此之間只是很普通的關係，當然你就不會有問題；如果要談及婚嫁，那麼雙方就必須真誠相待。

婚姻——夫妻間較易衝突

AB型鼠年出生的人，做任何事情都比較簡捷快速，如果你的結婚對象是迷糊又慢吞吞的人，你會覺得很煩躁。如果你的結婚對象和你一樣有點急躁的話，兩人就很容易起衝突了。

所謂結婚就是不同個性的男女，為了彌補彼此的缺失而相結合的。AB型鼠年出生的人，要考慮到這一點，並且要做這方面的努力。

雖然也有些人的婚姻生活沒有摩擦與衝突，但這不是紮實的婚姻生活應有的現象。所以說，天下沒有不吵的夫妻，如果發生爭吵，只要適可而止就好了，而且要使彼此間的衝突做適當的解決。

【屬虎的人】

他是個有自信又非常自負的人，而且喜歡擺出老大的架子。你最不能忍受的是，他做人處事的強硬態度，尤其是他認為女人都要服從他。

在工作或學業上，虎年出生的他是個很好的伴侶，但是，如果把他當作情人時，那就有點勉強了。

【屬兔的人】

他的溫柔和都市氣質很能獲得女孩子的芳心。表面冷漠的你，內心也會為他著迷。

但是，他做事太過於小心謹慎，顯得有點膽小，而且會隱藏住自己心胸狹窄的一面。

當你知道了他這些缺點後，對他的興趣就大大地減半了，而只希望和兔年出生的他是個普通朋友而已。

【屬龍的人】

龍年出生的他既熱情又有男子氣概，所以，你第一眼看到他，就喜歡上他。但是，害羞的你不會表現出來，會託其他朋友轉達你的心意。

在第一次約會時，他就會成為你的愛情俘虜。因為你有溫柔的心，又全心全意地愛著對方，所以，他將更加地發覺到你的可愛。

【屬蛇的人】

雖然他既性感又有魅力，但總覺得他很冷淡。

即使他若有似無地接近你，你最好視若無睹。如果你誤入了他的愛情策略中，是件很糟糕的事。

如果你不在家，他就會懷疑你跟誰去約會了，像這樣的他，最好不要交往。

【屬馬的人】

他開朗活潑，始終洋溢著歡笑。

你的冷漠與樸實，對他來說有一種不可思議的魅力。你在想些什麼，坦率的他一直都不了解，因此，你給他的感覺是神祕的，所以，你最好能坦誠地跟他談一談。

【屬羊的人】

你們兩個很相似，連約會時，想去的地方都一樣，想看的電影也一樣。

但是久而久之，你們的約會漸漸變得沒有樂趣，再加上他疑心病重，你會覺得很痛苦。其實，你們兩人的婚姻緣分並不很好，因此，在兩人未受到傷害之前分手，可能會比較好一點。

【屬猴的人】

表面上你們兩人個性完全相反，他交遊廣、有人緣，但有些輕率，而你樸實不顯眼，但沈著冷靜。

在智慧知識方面恰好一致，興趣相同又一起工作或研究學問，使得你們之間的交往，意外地發展下去，而成為絕配的一對夫妻。

【屬雞的人】

他頭腦好，但任性、自私，你不會喜歡他的。

舉例來說，團體旅行時，他會把許多事情交給你辦，如果發生事情，便要你全權負責，自己則站在一旁指責。

他不是個很好的對象，還是另外尋找一位理想的伴侶。

【屬狗的人】

如果朋友問你：「他是個什麼樣的人？」你會這樣回答：「人

是不錯，只是跟他在一起時，總覺的好累。」和一個鬱鬱寡歡的他在一起，連你也跟著心情不好。

跟他交往是很累人的事，所以你們還是保持普通朋友的關係比較好。

【屬豬的人】

他一旦愛上了你，會不顧一切地為你著想，而且每天打電話、送禮物來表達他的情意，但冷漠淡然的你，反而因他太過殷勤而退卻。你不會欣賞像他這樣的人，所以，你得很明明白白地告訴他：「我們做普通朋友吧！」

如何表現你的魅力

AB型鼠年生的人，生性溫和有才華，確實能給人一種「博學者」的感覺。雖然這可以說是你的優點，但如果要他人更能知道「魅力」所在，就有必要突破「博學者」的形象。現在，要從做事乾脆俐落開始，並且無論對方的反應如何，你都要以坦直率真來行事。若是都要考慮會不會傷害到對方，或一直躲在「博學者」的形象裡，那你的魅力就無法發揮出來了。

選擇適合你的對象

AB型鼠年生的人，無論是在什麼地方都很少說話。即使你有煩惱，不但不會對人傾訴，也不想要求幫忙，總要用自己的力量解決。

可喜的是，在你的周遭，了解你這樣的個性並希望與你談談的朋友很多。如果向朋友說出你心裡的話，應該會舒暢些。尤其你周圍的朋友常會為你辦些有趣的活動，因此，你不妨欣然接受。

給你的建議

【學業】 你的才智足以使你成為「開夜車」的能手，但是要知道，臨陣磨槍的讀書方法無法培養出實力，所以，你的讀書態度要踏實而有計畫，一點一滴地累積，才能獲取真才實學。

數學、理工或歷史，是你拿手的學科，不妨花一年或兩年的時間往這方面發展。

【事業】 初期在一個公司裡，很能和同事配合，與大家同一步調。但是，那樣地認命是不可以的，要儘可能地發揮自己的特長。

工作的初期，你的挫折較多，但到了後半期，你會是強勝者。

【經濟】 你在處理經濟方面很內行，絕不會浪費金錢。

但是，荷包勒得太緊，不是一件好事，如果別人批評你太吝嗇時，你就要糾正自己了。有時買些禮物送給朋友是有必要的，絕不是浪費。

【健康】 季節轉換時期，你的健康狀況較差，要特別注意不要感冒了。儘可能地每天運動，流汗後務必馬上擦乾，內衣也要立刻換下。另外，夏天時要注意飲食衛生。

AB血型

牛年生的人

性格——固執地堅守自己的原則

AB型牛年出生的人，比較剛愎自用，如果有人很無禮地冒犯了你，你會氣得咬牙切齒。雖然在你內心並不是那麼堅持自己的生活方式，但如果有人破壞了，會令你非常氣憤。

不過，你也有為別人服務的精神，但要注意一點，你的好意常常熱心過度，反而帶給別人麻煩。

此外，你的本性善良，因此，別人會利用你的老實來欺騙你，所以，要注意自己的言行，並要常反省做過的每一件事。

AB型牛年出生的人，具有批評精神，但美中不足的是，你只批評別人，不知道檢討自己。希望今後你能寬以待人，嚴以律己，並且要保持冷靜地觀察別人心情的態度。

你處事認真，如果稍微有要領些，效果會更好。

若是要求AB型牛年出生的人做事要靈巧些，可能是很勉強。雖然做事效率較遲緩，但你謹慎認真的態度可彌補這一項缺點。

還有，你並不太懂得生活的情趣。

人際關係——給人的第一印象和實相完全不同

不知怎麼地，在你周圍的朋友，大多和你一樣屬於堅決固執型的人。所以，你們之間即使相對無言也能互通心靈，你們是很有默契的好朋友。

在別人看來，也許會認為你們是一群怪人，但是，這些寂靜對你而言，正是心靈得以休憩的時候。當你們談論到人生或藝術方面的問題時，就會打破沉默，討論得很熱烈。

如果你和一個愛講話的人聊天，就不會像上述的情形那樣了。剛開始你會傾耳恭聽，不久之後就會覺得很無聊。

AB型牛年出生的人，初次見面給人的第一印象不是很好。因為你那太過於沈著穩重的態度，給人一種很冷漠的感覺，因此，很少被剛認識的人邀請去喝茶或聚餐。

很少有人像AB型牛年出生的人那樣，給人的第一印象和實相完全相反的。如果經過了一次坦承的交往之後，就會發現AB型牛年出生的人，實際上是個既快樂又可愛的人。

你那豐富的感情和內涵，會讓許多人很驚訝。

人生——中年以後日趨圓滿

AB型牛年出生的人，在人生的戰場上，是屬於緩衝型的。我們知道，在競爭激烈的社會中，必須奮力向上才能成功，這一點對你來說比較吃虧。

一般年輕人，都會有許多理想，也懂得往多方面嘗試，而你卻只往一個目標前進，一旦決定了，不管再多的困難也絕不放棄。

你的成功期比一般人晚，即使晚四、五年也無妨，因為在這幾年中，體會了更深的人生意義，長久下來你一定可以迎頭趕上，創造出更好的事業。

在你的一生中，人際關係大概是你最不會處理的，因為你比較不懂得交際技巧，所以，在複雜的人際關係上，會有很多的不適應，這對你將產生不好的影響，也許將造成失敗或不可收拾的結果。因此在你失意時，千萬不要急躁，要發揮與生俱有的堅忍力，等待風雨過去。

機運——持續地走在自己的路上

AB型牛年出生的人，經常執著於一個目標。非達到目的絕不中止的態度，使得你的青年時期，機運較差。

但是，你謹慎踏實的處事態度，中年以後會帶來好運。年輕時不要急於成功，也不要因目前的機運不好而懷疑自己的能力。對自己要有信心，勇敢地向前邁進。說不定你曾經幫助過的朋友，會意外地帶給你好運。

職業——最適合手藝方面的工作

由樸實固執的個性看來，AB型牛年出生的人，不適合做那些必須和許多人接觸的工作，像推銷、營業人員等職。

最適合的職業是手藝方面的工作。在許多實際的例子中，從事需要耐性與毅力的工作如陶藝家、畫家等成功的人，以AB型牛年出生的人居多。

還有像教師、女警的工作，必須為人正直、有熱心奉獻的精神，AB型牛年出生的人，應該很適合。

愛情——難於親密

AB型牛年出生的人，拙於表達自己的愛慕之情，就連一句「我很喜歡你」都說不出來。面對著你所愛的人，吱唔了半天，仍是愛在心裡口難開。

因為比較注重自我世界，所以對於選擇對象非常慎重。因此，你的愛情絕不會沒有計畫，更不會是聽天由命型的。

在你愛情觀裡，沒有所謂「非卿莫娶，非君莫嫁」。在你們還沒進入親密階段，如果有個人走進你心裡，你就會改變心意，關心別人。

因此，你的愛情最好是有個愛神邱比特來幫忙，只要有人從中安排一下，以後就能進行得很順利。

雖然你不太會說些取悅對方的話，但是，對方對你那種踏實敦厚的本性頗為欣賞。

如果兩人談到將來的理想，可以談的很投機。你只要不心急，就會彼此即使默坐也能心靈相通那般的好結果。

婚姻——優先考慮現實問題

對AB型牛年出生的人來說，婚姻並不是一件很重要的事，所以你的婚姻也許是經人介紹而突然結婚的。但不能因此就說你不愛對方，一旦兩人共同過婚姻生活，你會很體貼對方，並共同為幸福生活而努力。

大家都知道一般的婚姻生活，並沒有想像中那麼美好，所以，為了夫妻的幸福著想，要在現實的問題上多多努力紮根。

性愛——婚後性生活漸純熟

AB型牛年出生的你，婚前大多沒有性經驗，即使有也僅二、三次。

雖然年輕時，缺少女性特有的魅力，但結婚後，會在清純的心靈中，洋溢出浪漫的性愛。

即使在你們相親相愛的日子裡，仍存在著強烈的自我意識，並不會因年歲的增加而淡去。

你穩重盡責的本性，使得你忠於婚姻的職責。

適合你的結婚對象

【屬鼠的人】

AB型牛年出生的人，不易表達自己的心思，但鼠年出生的他，能猜測得到。即使你什麼都不說，他只要看一眼就能明瞭。

你們是很相配也很卓越的一對，你可以大方地對他表示好感。

【屬牛的人】

你們兩人個性很相近，剛開始時彼此都有意思，所以，經常會出去約會。

久而久之，會對老套的約會方式感到厭煩，而且彼此的缺點也漸漸表露出來，最後，因爭吵而分手。因此，還是保持普通朋友的關係比較好。

【屬虎的人】

虎年出生的他，是個很有自信的人，他懂得用各種方式追求你，開始時你會覺得很為難，不知如何是好，最後你還是會試著跟他約會的。

不要對他用情太深，因為他很可能只是以愛情遊戲的態度來對待你，可能最後受傷害的還是你。

【屬兔的人】

兔年出生的他，是個英俊又受歡迎的人，他身邊總是圍繞著許多女孩子。

你雖然對他懷有些憧憬，卻又苦於無法接近。所以，不妨寫信給他，隨著你的努力，說不定你們會成為很要好的朋友。

【屬龍的人】

龍年出生的他，屬於團體的領導者，而你卻是慢慢地走在自己人生的路上，兩人的個性相差很大。

即使你喜歡，他也不知道你的心意，還是保持距離，做個普通朋友吧！

【屬蛇的人】

蛇年出生的他，有很多吸引女人的魅力，你只要看他一眼，便

久久不能忘懷。

他能了解你的心意，兩人會在不知不覺中成為戀人。再加上他善解人意，當你想去哪裡或想跳舞時，他都會帶你去。他是個很會照顧你的理想伴侶。

【屬馬的人】

馬年出生的他，開朗活潑喜歡熱鬧。而你卻厭煩於喧鬧的氣氛。你原本打算假日在家裡好好休息一天，他卻興沖沖地突然來訪，讓你覺得很困擾。如果你跟這樣的他交往下去，到最後你會疲憊不堪。

【屬羊的人】

內向沉默的他，有母性本能的個性。

他是個溫柔體貼的人，你可以把心事都告訴他。如果和他繼續交往，你仍擁有屬於自己的生活方式，因此，可以很放心地跟他在

一起。當然，他尊重你的生活方式，你也要尊重他的意見。

【屬猴的人】

猴年出生的他，比較不穩重也沒耐心，正好和你相反。

兩人原本計畫去郊遊，他卻突然地建議去看電影。一向沉著冷靜的你，會無法忍受他那浮躁不安的個性。遊樂型的他和認真踏實的你，不是一對很好的搭檔。

【屬雞的人】

雞年出生的他，為人嚴謹頭腦又好，和你非常投緣。

和他在一起，正好彌補你的缺點，你可以完全聽他的，雖然如此，但他不會勉強你。

雞年出生的他是個可以安心交往的人。

【屬狗的人】

狗年出生的他，認真、老實又頑固，個性和你很相似。

最好和他做普通朋友，如果要以情侶關係交往的話，則需慎重考慮。

因為他的脾氣有時溫和，有時卻莫名奇妙地發怒，所以，兩人很可能不明究理地分手。

【屬豬的人】

豬年出生的他，是個蠻勇者。雖然做事聚精會神地勇往直前，可是太過莽撞的個性會讓你擔心。

其為人正直，算是個很不錯的人，不過要把他當情人的話，還是差了一點。最好和他做個「好朋友」吧！

如何表現你的魅力

青少年時期的你，常自歎：「一點都沒有吸引異性的魅力。」說實在的，也許是因為你沒有像虎年、龍年生的人那樣，有一副美麗的外型。

但別人不一定有你那純樸踏實的個性。你不必去請教同性或異性如何才會有魅力，只要隨著年齡的增長，你的內涵就更自然而然地散發出來，且能吸引很多人的注意。

服裝和化妝方面，不要受周圍的人影響，只要依自己的個性，流露出自然的儀表才是重要的。

選擇適合你的對象

因為AB型牛年生的人，向來是個固執地生活在自己的世界裡，且人際關係又不靈巧，所以，想要找一個適合的對象，會比較困難一點。不過你卻認為：「沒關係，即使沒有適合的對象，自己一個人生活也可以。」

當然，儘量地不求助人，能獨立自主是很值得讚賞的，但不要忘了曾經幫助過你的朋友。

特別是和兔年、猴年生的人在一起，可以從他們溫和的個性中得到啟示。

給你的建議

【學業】 你很主動，不必別人督促就會唸書，在學校的成績還不錯，但進步很慢，大概是因為你一直固守著自己的讀書方法，所以，不妨參考一下其他同學是怎麼讀書的。

【事業】 工作上最忌諱的是唯我獨尊的態度，所以，最好要懂得相互協調的人際關係。

對於長輩的意見，你要坦承接受。也許你認為對方的意見不足採納，但這些對你絕對有幫助的。

【經濟】 你很懂得儲蓄，且善於運用資金，不會浪費金錢。但你不懂得判斷人，常被不正直的人騙了錢財，所以要謹慎一點，對別人要有戒心。

【健康】 你就像在大草原上奔馳的野牛，天生就是一副健壯的體格，極少進醫院，從來就不知什麼叫生病。

但是，不要太自信，你的健康狀況到了中年以後，可能會有意外的病痛，切記年輕時要好好地維護身體。

AB血型

虎年生的人

性格——能敏感地察知對方是朋友或敵人

AB型虎年出生的人，為人不錯，喜歡幫助別人。

雖然你本性不喜歡麻煩別人，但是，你過於熱心地幫助那些沒有要求你幫忙的人，這樣反而給別人添麻煩。你之所以有此熱忱，是因為你認為他是你的朋友。AB型虎年出生的人，原本就能很敏感地察知對方是朋友或敵人。

你有一個缺點：做事往往自信過高。年輕時候，說起話來好像什麼都懂，批評別人時必定把別人說得比自己差。也許是因為你比較會說話，說的也很有道理，所以，即使對別人嚴厲地批評，其他人也會對你有好印象。

你的生活信條是樂觀、現實。討厭悲觀的態度及唯心論，所以，你很厭惡談論宗教、哲學的事。

AB型虎年出生的你，願意自己完全承擔人生的苦惱而不發一句怨言。

雖然好奇心旺盛，做事也很積極，但卻因缺乏耐心致半途而廢，枉費了你擁有積極的人生態度。

人際關係——對於親近的人非常體貼

AB型虎年出生的人，對於自己喜歡的人，會很親切地交往。只要朋友有什麼要求，你一定盡全力做到。

因此，朋友都很信任你，常被推為老大。

可是，你對自己不喜歡的人非常冷淡。若那個人不在場，你會對別人數落他的不是；若在場，常常和他引起爭執。

由於太過於自信，因此，每次在別人面前講述自己的意見時，常常滔滔不絕而引起別人的反感，但你一點都不在意。

處事總以自己為中心，所以很容易與別人起衝突，大部分都是因對方讓步才停止爭執，你從不知道要退讓。

天生就很靈活有技巧，在人際關係上能做得很好，只是因為太過於自我中心，才和周圍的人鬧得很不愉快，希望今後你能注意到這一點，只要懷有一顆熱忱的心，就能廣結人緣。

人生——在變幻無常的人生中，都能樂觀地處之泰然

AB型虎年出生的人，對任何事都自信過高，因此，使得你的人生變化多端。在任何場合表現得與眾不同，這原本沒什麼不好，只是如果太過於自我中心，則容易遭人批評。再加上你又不會很坦率地承認自己的錯，所以，一旦掉入了失敗的泥沼裡，也不知該怎麼辦。

AB型虎年出生的人，做事並不很專一，每件事都想嘗試一下，又喜歡把專家當做競爭者，所以常有挫折感。

若能把旺盛的精力，投注在同一件事情上，則會有很大的收穫。

因為本性開朗，所以對成敗得失，往往不太在意。

人通常隨著年齡的增長，而接觸層面也漸為廣泛，但是，對AB型虎年出生的人來說，接觸面小些才能得到充實的人生。當然，接觸面太過狹窄也不好，仍然要以你本來積極開朗的個性來開創你的人生。

機運——缺乏耐心，因而失去了好運氣

AB型虎年出生的人，個性積極向上，任何機會都不會讓它溜走，如果認為好的事或物，就會馬上地行動，努力地去爭取，通常都比別人早獲得好機運。

但是，就因為缺乏耐性又有點任性，枉費了好機運在你面前，所以，你要有毅力地進一步努力，才能抓住好機運。

職業——適合活躍的外勤工作

AB型虎年出生的人，有旺盛的好奇心和卓越的行動力。

不喜歡一整天坐在辦公桌上的職業，適合活躍的外勤工作，例如記者、電視外勤記者、司機、攝影師等職，當推銷員更有可能成功。

每天做同樣的工作，面對同樣的人，對AB型虎年出生的人來說是很勉強的事。

愛情——自我陶醉式的愛情

AB型虎年出生的人，愛情的表現方式比較強烈。一旦有了喜歡的對象，就一定要得到，不管對方是不是已經有了戀人，都會很明白地告訴對方「我愛你」，一直努力地使對方喜歡自己。

你對愛情的看法是直接行動。但是，很奇怪地，當你沒有和所喜歡的對象在一起時，你會不安，而且患得患失地想著對方會不會理你，不但沒有兩個人在一起時的那種積極態度，甚至還變得比較怯懦。

對愛情抱有冒險態度的AB型虎年出生者，不管對方的年齡是否比自己大或是對方已有了家室，只要喜歡上了，對什麼都不在乎。這些行為正好滿足了你的冒險心理。

因為對愛情十分執著，所以若是失戀了，就非常沮喪。

由於對愛情向來是採強制的態度，從不考慮結果會如何，所以，失戀的可能性很大，且常會因此而難過得茶飯不思。

婚姻——婚姻生活非常安定

AB型虎年出生者的婚姻很穩定，不像戀愛時期那樣變化無常，那是因為自己非常愛自己的丈夫。

而且並不會由於非常地愛自己的丈夫，而疏遠了昔日的好友，對於其他的朋友仍然相處得很好。所以，很滿足自己的生活方式，且婚姻美滿幸福。

性愛——以理智的態度面對性愛

AB型虎年出生的人，在得到對方的愛情之前，雖然會很積極地追求，但是，在肌膚之親近方面，卻能理智地適可而止。對性愛方面十分保守，是AB型虎年生者的特徵。

結婚後，只要能很賢明地管理自己的家庭，婚姻生活和性生活都會很美滿。

適合你的結婚對象

【屬鼠的人】

鼠年出生的他，是個喜歡靜靜思考的人，若是別人給予他許多幫忙，他會覺得很煩。

但是，你和他的想法不一樣，你認為凡是在身邊照顧你的人，就是對你存有愛情。你是一位較衝動且很少思索反省的人，和他無法溝通感情，還是做普通朋友就好。

【屬牛的人】

當你向他表明你的愛意之後，以不安的心情等待他的回答，但是，他的回答和態度都很令人捉摸不定。

他不喜歡你那固執強硬的個性，但又對你那大膽的表白表示好感，這樣的他，態度曖昧，久而久之你會對他產生反感。

【屬虎的人】

兩人的愛情都很熱情，像夏日的陽光，炫耀奪目。但是夏去秋來，你們之間的熱情，也漸漸淡下去了。彼此的缺點開始表露出來，兩人會覺得很不適合。

如果你和他交往，就要了解，你們的戀情將是很短暫。

【屬兔的人】

兔年出生的他，不喜歡將自己的感情表現出來，也很反對時髦新潮的人。而你處事態度往往過於自信，且喜歡積極表現自己的魅力。

他對於這樣的你，常常在內心批評你。這樣的他不適合你。

【屬龍的人】

龍年出生的他，對大自然懷有極大的興趣，常常在你和他獨處

時說些天文科學之類的話題，而你卻希望能在兩人獨處時，共同編織羅曼蒂克的夢境。

對他來說，你的魅力不及大自然來得吸引他。

【屬蛇的人】

你的社交範圍很廣，雖然對於這些社交上的異性朋友都沒有愛情的成份，但是蛇年出生的他，卻很容易嫉妒，你對於他這種態度會難以忍受。

他這種嫉妒心是天性使然，再加上「愛情是盲目」的，使得你很想離開他。

【屬馬的人】

你們兩人好像是神明給了起示一般，同時覺得：「我的情人就是你。」你和他會進展得很順利，彼此「心心相印」，是很理想的一對戀人。

【屬羊的人】

如果把羊年出生的他當作結婚對象，往往顯得身為女孩性的你比較強些。他對於你那帶有男子氣概的言行舉止感到很驚訝。

雖然你的本意並沒有要表現強者姿態，但是在別人看來卻是：「怎麼一個女孩子卻那麼好強，硬是要做第二等男人？」

如果你很在意他、很喜歡他，就要注意自己的言行舉止了。

【屬猴的人】

他很喜歡女孩子，尤其對新面孔特別感興趣。而你卻誤以為他這種行徑是對你有意。

他對你的曲意奉承，你以為是對你好，其實，他並不是真心真意的。如果你很認真地跟他交往，受害的會是你。

【屬雞的人】

「這個人頭腦很好」這是你對他的第一印象。但是，你會受不

了他那口若懸河的說話術。不過他一直對你很好，追得很勤。

其實，你們兩人很有緣分，算是不錯的一對。但你要注意自己的態度，不要顯出不耐煩的樣子。

【屬狗的人】

他是個很富正義感的人，當你走在路上有無聊男子騷擾時，他會挺身救你。所以說，你們的相遇有點戲劇性，而且彼此都會覺得似曾相似。

你會很欣賞他的男子氣概，他也很欣賞你的率真。

【屬豬的人】

脾氣剛烈的他，在你看來是個驕傲自大的人。

如果有一件小事抵觸了他，他立刻沒完沒了地杯葛到底。若遇到了什麼挫折，就會抱怨個不停。

他並不是你合適的對象。

如何表現你的魅力

開朗活潑又合潮流的你，任何人看了都會覺得你很有魅力，尤其是樸實沉默的人都很羨慕你。而且你也很了解自己的優點，所以，言談舉止都洋溢著青春活力。

不過，要注意到一點，不要被別人認為你是狂妄自大型的人。另外，不要太過於自我中心，否則將會失去你充滿魅力的個性。所以，稍謙遜些更好。

選擇適合你的對象

雖然你為人開朗活潑，做事積極認真，但美中不足的是缺乏耐心。凡事要三思而後行，才能成功。

對於選擇對象方面，最好要選行事謹慎穩重的人，那正可彌補你的缺點。也許剛開始時，你對他並不滿意，但是他卻能給你很多幫助，並且在工作或學業上他也是你很好的伙伴。不可以太自我，否則你會失去一位很好的伴侶。

給你的建議

【學業】 你對學業也一樣很有自信，認為不需要怎麼用功一樣會有好成績。但是，學業一天比一天難，最好平常就做預習和複習。你也了解「羅馬不是一天造成的」，平時的努力才是重要的。

【事業】 工作上，你並不是一位能按部就班的人，而是一位很積極地提出問題或方案，一直要求改進的人。

你對於整理傳票方面的工作或一些靜坐辦公室的職業，較無法長期勝任。

【經濟】 AB型虎年出生的你，是個相信「錢是身外之物」的人。當你有錢時，就和朋友一起揮霍，不知道什麼叫儲蓄。平常只要有得吃就好，有沒有錢倒無所謂。希望你能了解，做某種程度的儲蓄是有必要的。

【健康】 對自己的健康狀況很有把握。有時稍微感冒了，你並不在乎，而且還認為最好的治療方式是到外面活動，而不是在家休息。這種想法是很沒道理的。

中年以後要注意自己的身體健康，不可以像年輕時代那樣逞強。

AB血型

兔年生的人

性格——外表溫和內心冷漠

AB型兔年出生的人，個性相當地複雜，有親切爽朗的一面，也有憂鬱冷漠的一面。這樣的個性，讓周圍的朋友，感到很困惑。

AB型兔年出生的你，不喜歡與親密的人長期地交往。你這個人有點孤僻，因此不喜歡人多的社交場合，在陌生人中，較喜歡孤零零地一個人。

另外，你很在意別人對你的看法，對關係疏遠的人，比較不會這樣，較親密的人那就非常在乎了，尤其是與家人相處時更是如此。也許是因為你看起來外表溫和而內心冷漠的個性使然吧！

心裡常常產生一個人去旅行的浪漫念頭。

如果有人想與你進一步交往，你會猜忌他是不是有什麼企圖，所以說，猜疑心造成你在人際關係上的缺點。

人際關係——不喜歡深入交往

雖然你在性格上是多面性的，但是，你在人際關係上只希望不和人起衝突就好了。即使與人有些不和，會希望能雙方私下和解。因為你外表溫和細緻，所以很得大家的喜歡。不過，你內心相當地情緒化，使得周圍的人很困擾。

你不喜歡非常親密的交往關係，喜歡別人以較遠的角度來欣賞你。因而人際關係很淡泊，極少有密切的情感存在。

你的興趣和運動都很能配合你的個性。喜歡爬山、打網球和美術，因此，你的朋友大部分是這方面認識的。

因為你和朋友之間一直是很淡然的關係，彼此的摩擦較少，所以，這樣的友誼能維持得較久，與異性的交往也能維持良好的朋友關係。

在年輕時，你這種交友態度或許還可以，但是，隨著年齡的增長，終究會希望有個知心的好友，能讓你傾訴內心的感懷。所以，最好能反省一下你那種淡然的交往態度。

人生——表面上看起來很呆板，實際上很充實

AB型兔年出生者的人生比較單調，因為本身就不希望生活變化太大。

不過，將來你的伴侶說不定會覺得這樣的人生未免太枯燥乏味了，所以，最好不要太滿足於平淡的生活，不妨為你的人生添加一點戲劇色彩，生活才會更有趣。

AB型兔年出生的你，對人生有很嚴謹的計畫和充實的生命意義，雖然你只希望過平安無事的生活，但你的人生絕不是單調貧乏的。

你原本是個浪漫主義者，但很少表現出來。在平淡的生活中可以感覺出，你一直把原有的豐富情感深藏在內心。

興趣很廣是AB型兔年出生者的特徵。若能專心研究一項技藝，並樹立出自己獨特的風格，未嘗不是一件可喜的事。

機運——拘泥於不安的情緒上

AB型兔年出生的人，因為只希望過平凡的生活，所以，當有機會轉換命運時，反而變得膽怯不安。縱使有八成成功的希望，你也會有二成的恐慌。

因此，AB型兔年出生的你，很少得到別人羨慕的大好機會。但是，由於得惠於懂得「識時務者為俊傑，知進退者為英雄」，所以不會招惹到什麼壞運。

職業——以操作機械的工作較能發揮能力

AB型兔年出生的人，第一眼給人的感覺是很溫和，所以，很容易被誤以為適合從事與多數人接觸的職業。

你若是真的從事要與多數人接觸的工作，常會搞得自己身心疲乏，也無法專心地工作。

因此，最好從事電腦程式設計員、打字員、接線生等，像這些面對機械方面的工作，就可以發揮你卓越的辦事能力，做得盡善盡美。

愛情——無法適應熱情的愛

AB型兔年出生的人，對愛情是屬於消極型的人。雖然和情人在一起時很快樂，可是你常會想到對方會不會拋棄你，所以和所喜歡的人在一起也總顯得猶豫不安。

你，對於愛情也是一樣不希望有任何波折。若到了必須和對方分手時，就會把對方當成初認識的人一樣。也許是因為有如此的想法，比較無法獲得真正的愛。

因為AB型兔年出生的你，對愛情非常地謹慎，所以始終都是很主觀浪漫的人。沒有和對方直接地說話或手牽手，只在內心追求對方的幻影，像這樣就不容易有熱烈的愛情了。

但是，你也希望對方能很熱烈地追求你。若是有很適合的異性，你就會希望在平淡的生活中激起愛的火花。只是在這種情況下，AB型兔年出生的人，對愛情就變得很神經質。

通常你所認識的異性會比你成熟，且是比較憂鬱型的人，因此，兩人的交往都能滿足彼此之間的愛情。

婚姻——平凡、安樂的生活

雖然對愛情是屬於消極型的AB型兔年出生者，但絕不是對婚姻生活沒有憧憬。像你這樣的人，有很多是在現實生活裡突然地跟某一個人結婚。

但是，你對現實的婚姻生活仍是非常謹慎小心的。看得出來你會過著比想像更好的婚姻生活。

對丈夫來說，妳是個理想的妻子，對孩子而言，妳是個賢慧的母親。完全不同於單身時代對愛情的消極態度，理想的婚姻意識使得AB型兔年出生的你，在婚後變得穩健而踏實。

性愛——被動的態度更具魅力

AB型兔年出生的你，喜歡浪漫的氣氛，所以，在性愛時大多是被動的，而那種嬌羞的模樣，更惹對方憐愛。

如果對方積極主動，你則坦然接受，但由於一時感受到性愛的神秘，所以較不能神馳其中，不過只要配合著對方，彼此在性愛方面都能相互滿足。

適合你的結婚對象

【屬鼠的人】

他很懂得別人的心理，可是碰到心理複雜的你，他就難於應付了。

他能了解你的心理，只是他追你時，你就會逃避。

雙方要互相了解必須花一段時間，而且你有必要改變一下自己。

【屬牛的人】

牛年出生的他，溫和有禮，第一眼看起來會覺得他人不錯。可

是，突然地他會對你激起熱情，讓你非常震驚。

在他面前，你總是有點慌張，無法穩定下來。他似乎是個無法讓你心安的人。

【屬虎的人】

他就在你身邊，你會覺得他是個很可愛的人，同時他也很熱切地追你。

他那處事太過自信的態度，會讓你很受不了。最初還會跟他交往，但以後你就會離開他了。

【屬兔的人】

你們兩人之間的交往，一直保持一段距離。由於雙方都很敏感，彼此都不讓對方更進一步了解自己，因此，你們之間有一段很奇妙的隔閡。

你們最好能進一步交往，彼此做個互相尊重的朋友，這樣可以

維持良好的友誼關係。

兔年出生的他，是個可以長期交往的對象。

【屬龍的人】

他的話題總離不開國家大事，雖然你覺得他很了不起，但對世界局勢並不熱衷的你，和他在一起總覺得有點怪怪的。

因為你認為目前最重要的是如何解決現實的生活問題，而不是光去談論世界局勢。

況且，他會因過於關心國家大事而把你忽略了。

【屬蛇的人】

蛇年出生的他，在和你約會的時候，即使很晚了也不讓你回去，常使得你害怕不安。況且在沒人的路上，他會很快地牽你的手或搭在你的肩上。

你會被他的魅力所吸引，且認為只要愛上了他，什麼都可以不

在乎。但是，你要注意這樣的他，實際上要的只是你的身體，而不是真正愛你。

【屬馬的人】

馬年出生的他，豪放不拘，喜歡天南地北的聊，即使有比他更具能力的人在場，他也不在乎。

你對於這樣的他，會很羨慕，同時也常常覺得他有點過分。

他是個純真的人，只會以單純的角度去欣賞你。

【屬羊的人】

他是個心細的人，除非和他一樣是心思細密者，否則很難相處。

你和他一樣，都是很謹慎細心的人，因此你們兩人很投緣，彼此間的談話也很投機。

【屬猴的人】

兩人在圖書館看書時，他會在一旁開玩笑地說個沒完，讓你一點都讀不了書。

你是依計畫行事的人，但猴年出生的他就不一樣，只要他高興，即使改變計畫也不要緊。

你們兩人的個性相差太大，彼此的交往很容易分手。

【屬雞的人】

他很欣賞你那謹慎言行的態度，且認為你很有女人味，會像捧著玻璃一樣地細心對待你。

他的吻是溫柔且熱情的。當你靠在他懷裡時，會欣喜地希望時間就此停住。

【屬狗的人】

兩人一起散步時，發現了一條小路，這條路是你平常不敢自己走過去的，但是，有他在身邊你就不怕了。而且很高興和他一起走過這條小路。

狗年出生的他，無論何時都是你最好的保護者。

【屬豬的人】

在雪地裡堆雪人、打雪球，是你們最高興的事。你們兩人一點都不喜歡都市生活，兩人都愛好大自然。他擁有男性的陽剛之氣，你則具有女性的婉約之美，兩人的心緊緊地靠在一起。

你們的戀情最忌諱的是「心胸過於狹隘的氣度」，因此，多到戶外走走可增進你們的戀情。

如何表現你的魅力

言行謹慎、儀態高貴是你最大的魅力。說話優雅不傷人，而且富機智，誰看了都會對你有好感。

但是，長期與朋友交往當中，若沒有好好注意自己的涵養，就會減低了你的魅力，而朋友和知己也會覺得你少了一份誠實感。

因此，首先要注意的就是捨去強烈的自我意識，多站在別人的立場想一想，但也不要只是做表面工夫，否則你將失去所有的朋友。

選擇適合你的對象

只希望和朋友淡然相交的你，當然可以被稱為「莫逆之交」的朋友比較少。AB型兔年出生者的特徵是——若和朋友過於親密會很厭煩，只希望一個人自由自在地生活。

但是，在漫長的人生旅途中，有一位與自己志同道合的朋友是有必要的，所以，最好能檢討一下自己的生活方式。在年輕時候，多多少少要犧牲自己，多為朋友，與朋友做更親密的交往。特別是馬年、龍年出生者，他們開朗的個性，可豐富你的精神生活。

給你的建議

【學業】 你的頭腦相當好，且知道如何有效率地讀書，所以，只花別人一半的時間，就能達到雙倍的效果。

但是，過於講求得到考試效率，也就忽略了讀書的本來目的。讀書最重要的是要使自己更有氣質、更具內涵。

【事業】 你是個確確實實今日事今日畢，迅速完成工作的人。但是，總觀整體的工作計畫，你欠缺對未來的展望，所以即使你認真地工作，也不容易升遷。你最好能學習上司、長輩們的工作態度。

【經濟】 在金錢開支上，是個合理主義者，絕不會做沒必要的花費。且是個懂得追求利潤者，生財有道，所以會有不少的財產。

但是，要注意不要一人獨享，要與家人、朋友一起分享。

【健康】 你是個早睡早起、三餐定食定量的人，但是你卻不是個健康型的人，可以說是因你體質原本就虛弱的關係。因此，對自己的健康狀況要特別留心，生活起居一定要正常。

到中年以後也仍然有必要注意飲食的營養及作息時間的規律。對自己的身體狀況千萬不可疏忽大意。

AB血型

龍年生的人

性格——是非分明、說一不二

AB型龍年出生的人，是個是非分明、說一不二的人，很討厭曖昧、馬虎的態度。而且反叛性強，對於與你對峙的人，抱有很強烈的反抗心，絕不可能有妥協的時候。

一旦表露出你的鬥爭心之後，就會全力以赴地勇往直前，常讓周圍的人擔心受怕。

你是個典型的「性情中人」，即使在處理事情上可以拐彎抹角地解決，你也不願投機一下，只要自己行得正，即使再怎麼艱難也願意去做。

你對於那些行事馬虎隨便的人，會毫不容許地大加指責。

你的另外一個特徵是有一顆悲天憫人的心。聽到了可憐人的故事或是看了悲劇電影，不管有沒有旁人，會肆無忌憚地掉淚。

同時，你也是個容易生氣的人，若有什麼不高興的事，就立刻在臉上表現出來。一旦讓你忍無可忍時，就會大發雷霆。

AB型龍年出生者，表面上看起來很有正義感，被認為是個很剛強的人。實際上，卻是個毅力很容易動搖的人。

人際關係——較不懂得如何使之平衡

AB型龍年出生的人，人際關係並不圓滿，常常因一點小事就和人起爭執，或是過於相信對方，總是給對方戴高帽子。這是因為你不懂得如何使人際關係平衡。雖然你很努力地想做好人際關係，但仍然徒勞無功。對本性善良的你來說，生疏的人際關係是一個最傷腦筋的問題。

這個問題的最根本原因，在於你那激烈型的個性使然。一有不高興就發怒，雖然你明知道有些事根本不該生氣，但仍然將本性暴露無遺。因此，久而久之在你周圍的人就會在不知不覺中築起一道圍牆，和你隔絕了。

但是，能和AB型龍年出生者成為好朋友的人，是因為喜歡你們那種正直、沒有私心的個性。雖然AB型龍年出生的人朋友較少，但若與你成為知心的朋友，通常都是富有正義感的，因此，你們的友誼可維持得很久。

人生——明知吃虧也不在乎

AB型龍年出生的人，只要自己行得正，即使吃虧也在所不惜。絕不會為了苟且偷生而欺騙自己，你只希望有一個盡責、滿足的人生。

不論是讀書或工作，常自問：「我現在在做什麼？」甚至把工作停下來思考。不僅思考自己的事情而已，還觀察周圍的人，更進一步地注意世上一般人的生活方式，並把這些所見所聞拿來參考，以便改進自己。

你是個非常認真的人，並且一直保持著年輕時代積極進取的態度，照著計畫邁向自己的理想。

但是，在現實社會裡，你所訂下的理想和實際生活有一段距離。所以，你煩惱於理想無法實現，漸漸地就會產生失望感。

不要太過於堅持自己的理想和生活方式，否則，將和周圍的人格格不入。

機運——有時必須懂得與環境妥協

AB型龍年出生的人，喜歡照自己的意思去做，也許就是因為太固執己見，而很容易失去大好機運。即使有再好的機會等著你，也會因你不願與環境妥協而讓機會溜走。所以，最好你能抓住機會思其前因後果好好地利用，並記住「妥協是有必要的」，盡力表現出潛在能力來。

如果真的抓住了機會，相信你一定會全力以赴的。因為「聰明的人創造機會，次一等人抓住機會，愚笨的人讓機會溜走」如果你不做聰明的人，那麼，請千萬別作愚笨的人。

職業——適合金融界穩定的工作

因為AB型龍年出生的人較為正直認真，所以，適合公務員、銀行職員等金融界有關的職業。對於那些工作態度隨便、馬虎的人非常厭惡。由於對自己的工作一定徹底完成，盡忠職守，所以，你會大受器重，漸漸地在公司裡活躍起來。

若是在一般企業公司，擔任總務或經理等職，這些比較需要靈活頭腦的工作，由於你本性乾脆爽朗也非常適合。如果是擔當董事長秘書，會因你誠實正直而受到上司的信賴。

但是，要注意無論在任何場合都不可以表現出你的爭鬥心，亦不可感情用事，否則將會遭到排斥。

愛情——喜歡高尚純情的愛

AB型龍年出生者的愛情特徵是純情祥和的。像萬里無雲的晴空，清爽舒適。所以，你會為了愛人，把什麼都給了他，有著像大海般的深情。

通常AB型龍年出生的人都比較相信命運。當你愛上了某一個人的時候，就相信和他結合是命中註定的，是在未出生以前就已經由月下老人牽好的紅線。

所以，你會不斷地找尋你所愛的人，直到遇見了真正心愛的伴侶。你對愛情的態度是真誠而肅穆的，討厭那些玩愛情遊戲的人，並且以直覺來判斷某人是不是月老作媒的那位異性，如果不是，就會很斷然地拒絕。相反地，如果你遇上了你所愛的人，即使對方不一定愛你，你也會很積極地追求。

雖然你認為對愛人說些甜言蜜語是很重要的事，但你最注重的是精神的結合，高尚純情的結合。

婚姻——幸福與否有很大的差別

AB型龍年出生者的婚姻，幸福與否完全依你所選擇的伴侶而定。也就是說，如果你和「姻緣註定者」結婚的話，就會共同建立人人羨慕的甜蜜家庭。相反地，如果結婚的對象不是自己理想中的伴侶，那麼就會產生不幸的婚姻。

當然，這也不會僅限於AB型龍年出生的人，只是這種人的婚姻生活是否幸福，其差別很大。

性愛——有所顧忌且不太熱衷

AB型龍年出生的人，對性愛較不關心。對性愛之所以會有顧忌，是因為總覺得做這種事對愛情來說，是一件不聖潔的事，而認為愛情是性靈上的結合而不是肉體上的接觸。

除非是所愛的人積極要求，否則你不會輕易地以身相許。

適合你的結婚對象

【屬鼠的人】

你們兩人很有緣分，彼此都能很直接地表達內心的情感。也許是因太過坦率了，所以，很容易就誤會他，不過他很了解你，並能夠諒解這一點。

鼠年出生的他，樸實、意志堅強，在你心緒煩躁、意志動搖時，他會隨時給你忠告，而且一直都很溫柔地對待你。

【屬牛的人】

牛年出生的他，是個頑固且從不跟人道歉的人，你和他在一起常會吵架。

再加上他的行動遲緩，對於你提出的問題，常想了好久都答不出來，而讓你著急了半天。像這樣如果要你和牛年出生的人在一起，似乎有點勉強。

若想和他長久交往下去，你必須培養耐心。像這樣的交往，辛苦的人會是你。

【屬虎的人】

虎年出生的他，是個愛情冒險家，而你所追求的是純情式的愛情。因兩人對愛情的看法不一樣，不太可能結合。

最初，他會很熱心地關懷你，但不久就漸冷淡下來。

雖然他做事都很有自信，做得很好，但是在愛情方面卻不太專情，和他還是維持普通朋友的關係比較好。

【屬兔的人】

兔年出生的他，相貌堂堂，別人對他的印象很不錯。

你一向都直言不諱，他對這樣的你有些不滿和反對，所以，很少對你說出他的心事。

因此，你對這種沒什麼結果的感情，很不滿足。

帥氣的他，雖然令你著迷，但他對你並沒有意思，你們不會有進一步的交往。

【屬龍的人】

你們兩人都喜歡當領導者，所以，常有衝突和摩擦。大概是因為兩人都是龍年出生的，個性比較相近吧！

雖然對愛情的看法一致，但是，彼此都不知忍讓對方。而且兩人都很驕傲、虛榮心也強，因此，一旦爭吵起來，想要和好如初，就必須花很長的時間，所以，如果喜歡他，你最好能多作忍讓。

【屬蛇的人】

蛇年出生的他，是個情聖，「親吻」非常內行，對愛情不太專一。同時也是個疑心病重、嫉妒心強的人，稍有事使他不滿，即使你再三地解釋，他也不會相信，這樣的他不是很好的對象。最好不要繼續交往，否則你會很累。

【屬馬的人】

馬年出生的他和朋友在一起時，由於個性非常爽朗活潑，因此你看了他也會覺得他是個快樂的人。你若很想跟他在一起，要先了解一點，別人也很積極地想跟他交往，你的機會自然就少了。

他在穿著方面很內行，你不妨時髦些，才能引起他的注意，但

不要因過分打扮而失去了原本的你，或為了迎合他而失去了自己的原則。

【屬羊的人】

純樸、整潔是你對他的第一印象。有時他對你好像對待神話裡的公主一般，有時卻又突然地說些令你傷心的話，或有時候他會向你撒嬌。

他對你的態度常讓你捉摸不定，而且兩人的個性也不合，你們不是很適合的一對。

【屬猴的人】

猴年出生的他，很得人緣，大家都很喜歡跟他聊天。他很關心你，即使他和朋友聊得興高采烈，他也不會忽略了你。

只要有你在，他就很安心。這樣的他和你非常投緣，如果能和他深入交往，會有美好的姻緣。

【屬雞的人】

雞年出生的他，和你很合得來。有時你做錯事或說錯話了，他都不會生氣，而且很溫柔地對待你。

夜晚在公園散步可增進彼此的感情，因為兩人心心相印，真誠相待，不必擔心他會進一步要求什麼。

【屬狗的人】

他是個真誠又有正義感的人，但他那種不顧你的異性朋友的率直態度，讓你很擔心。在其他方面，他不會去跟別人爭什麼，他很懂得禮讓。

你和他交往，不要過於為所欲為，要注意自己的言行舉止，若是疏忽大意而傷了他，帶給他的傷害將比你想像的還深。

【屬豬的人】

兩人一起聊天時，若這時電視節目開始了，他馬上很專心地看電視而把你丟在一旁，即使你問他，也只是敷衍幾句而已。這是因為他做事很專心，當他在熱衷某事時，就會忽略了其他的事。

你比較喜歡兩人一起聊天，而他並不喜歡這樣，你們兩人不太適合。

如何表現你的魅力

AB型龍年出生的人，是個有慈悲心腸的人，若聽到可憐的故事或看了悲劇電影，眼淚就涔涔而落。這種溫柔的個性就是你最大的魅力。

在服裝方面，最好是很自然地流露出你溫柔的一面。穿著帶有滾邊的絲質短衫配上大圓裙，看起來既浪漫又成熟。如果穿了太多滾邊的白色洋裝，會顯得矯柔造作。若是太過性感的低胸式服裝，就更不適合你了。言行舉止要適當地流露出溫柔的氣質。有時可灑些芳香的花露水。

選擇適合你的對象

適合你的對象，最好是個能很溫柔地照顧你，且心胸寬大的人。在你生氣或心情不好時，他要能心平氣和地等你脾氣好轉，而且要了解你的本性是善良溫柔的，這樣的他才能持久地交往。

你表面上看起來很頑固，實際上是個很柔弱的人，所以，在選擇伴侶上，要選擇那些在學業或工作上能指引你的人。如果你能控制脾氣，不要經常生氣，就能交上很理想的伴侶。

給你的建議

【學業】 你是個很用功讀書的人，每天按部就班地預習、複習，考試前也很充分地準備。

你是個不服輸的人，常常想要爭取第一名，但是始終排在二、三名，也許是讀書方法不很完善，所以最好能多作檢討。

【事業】　不管是別人託付的事或自己的事，都能做得很完善，絕不會半途而廢。

但是，你不善於與人合作，因此，在工作中最好不要感情用事。

【經濟】　在金錢方面，懂得有計畫地儲蓄。你不可能成為暴發戶，也不會突然財產蕩盡。每個月你都有開支預算，絕不做多餘的消費，但適度地儲蓄有時是必要的。

【健康】　身體雖然健康，但是，感情波折較大，心情容易變得憂鬱，而影響健康。

為了使情緒穩定、心胸開朗，不妨多做戶外運動，或去旅行、看電影、參觀畫展等等。

AB血型

蛇年生的人

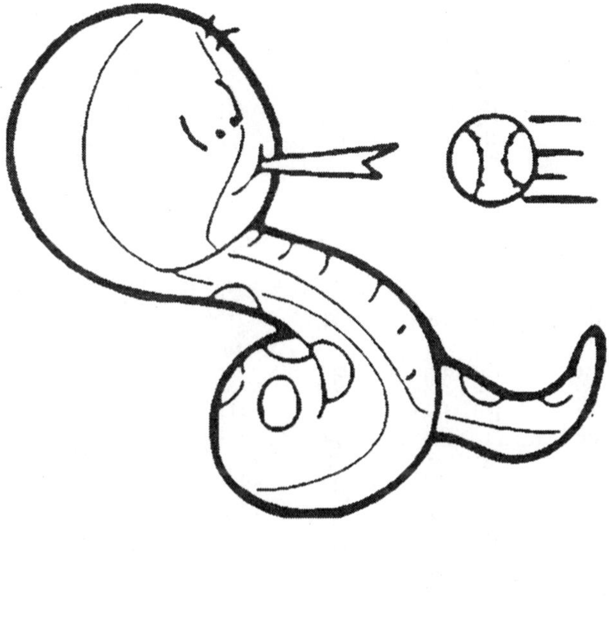

性格——講求效率的合理主義者

AB型蛇年出生的人，不管是讀書、工作或是日常生活上，完全以最有效率的方式，把該做的事做得盡善盡美。因為你原本智商就不錯，所以，在事前就已經考慮周詳，凡事都不會浪費時間。

處事冷靜嚴肅，事前曾做充分的準備，工作成果也都在預料之中，所以，很少有讓你興奮的事。

在人面前絕不表現出你的喜怒哀樂，常是一副冷漠的表情，別人都猜不出你心裡在想什麼。

往好的方面說，就是你有都市人的氣質，外型成熟穩重；往壞的方面說，就是太講究體面，虛榮心強。有時虛榮心很強地表現出來時，會讓周圍的人覺得你是個令人厭惡的傢伙。

但是，AB型蛇年出生的你，悟性高、感覺敏銳，很快就能察覺出別人對你的批評和反感，而且會很努力地改正自己，這一點正好彌補了你具有虛榮心的缺點，因此，別人不會對你起太大的反感。

人際關係——喜歡淡如水的友誼關係

保持適當的距離，是AB型蛇年出生者的交往態度。你不會想深入地走進別人的生活圈，也不讓別人來打擾你。

你的人際關係是標準的「君子之交，淡如水」。只希望如水般清澈，如風般輕揚的友誼。

最討厭「甜如蜜的小人之交」。對於別人的哀傷，絕不會表示同情。同樣地，當自己有了困難，絕不會要求別人幫忙。

周圍的朋友雖然討厭你的冷漠態度，但是，卻因你有都市人的成熟穩重而想跟你交往，不過，也有人認為你日常的態度不算冷淡。

AB型蛇年出生者的交友情形，太過於表面化，雖然有真正想交往的朋友，但很容易在團體中被隔離。

有這種傾向是因為AB型蛇年出生的人，氣度較狹小，常守著自己的生活範圍，不願被別人干涉，就連親人也不願他們闖入自己的生活領域。

人生——愉快的人生旅程

AB型蛇年出生的人，在人生旅途上，不會遇到什麼大波折。不論是選擇怎樣的路程，都能輕鬆地度過。

這是因為你有合理的精神、聰明的智慧和不灰心的信念，使得你的人生平安順利。

懂得善用時間，工作、讀書都能專心一致，絕不浪費精神和時間，而且講求效率的方法。

對將來的生活，有很周詳的計畫，絕不會漫不經心，而會把每天的日子安排得充實又有意義。

因為有堅強的意志力，所以，不會貪於玩樂，或做事拖拖拉拉，更不會因小小的失敗就喪失了鬥志力。

AB型蛇年出生者的人生路程一直很平順，但到了中年以後，心靈上會產生空虛感。雖然家庭生活、職業、經濟都比一般人來得順利，但你仍然有一種說不出的寂寞。大概是因為一直都過著積極前進的生活，忽略了人與人之間的交往。

機運——能確實運用好時機

AB型蛇年出生的人，懂得抓住機會，並善於運用它。

你所得到的機會，是別人認為不可思議的好運氣。當然這種好運氣並非天外飛來，而是以聰明才智創造出來的。

一旦機會到你手上，絕不會輕易放棄，而配合你的智慧加以利用。今後你要不斷地努力以期待更好的機運。

職業——適合大衆傳播方面的工作

做事講求要領的AB型蛇年出生者，不管做任何工作都能很稱職。

特別是電影監製、電台、電視節目主持人等，需要頭腦聰明、態度冷靜穩重的工作，你在其位能發揮你的才華。另外，參加司法方面的高考，當女律師也不錯。雖然這些考試很難，但AB型蛇年出生的你，只要努力一定沒有問題。

你比較適合做一般人無法勝任的工作，例如：節目主持人或廣播關係事業方面的重要職位等的工作。

愛情——高明的交往方式

AB型蛇年出生的人，是個能控制愛情的人。當你愛上了某人就會很巧妙地讓對方接近你，進入你的「粉紅色陷阱」裡。

你不必主動地接近對方，以你原有的魅力和聰明的手腕，就能很自然地吸引異性。

你的都市氣質絕不是庸俗愚蠢的，而是瀟灑時髦的，所以，與異性的交往能表現得適切自然，這完全是你的都市氣質的涵養所致。

你不喜歡太過親密的友誼關係，在和朋友分手時通常只是揮揮手，說聲再見而已，沒有所謂刻骨銘心的情感。

因此，在你的愛情世界裡，一直是空虛的。確實，和朋友保持適當的距離，相互尊重彼此的生活方式是現代生活的一項重要原則之一。但是，男女之間情愛，是需要親密深厚的感情做基礎的。你非常欠缺這方面的體驗。

如果你的對象，也有如此的感情觀，就比較能交往下去，如果對方是個過於重感情的人，就無法相處得好。

婚姻——視結婚爲一種手段

結婚對AB型蛇年出生的人而言，是一種「手段」——是一種為了要過更舒適更合理的生活而有的行為儀式。但你認為結婚會增添許多生活上的麻煩，比不上單身來得自由自在，所以，你是個不會隨便結婚的人。

對婚姻你並沒有抱著甜美的夢想。同樣地，對你的配偶也是如此。並不是因為熱愛對方而結婚，而是為了使自己的生活更為舒適，才與對方共同生活。

性愛——較無感情的開放式交往

AB型蛇年出生者的性愛觀非常開放，正確地說，對性愛並不抱有特別的感情。與某人有性關係，只是為了滿足自己的慾望而已，並不是因對方而發生性愛。

AB型蛇年出生的人對貞操觀念並不特別重視，而且不認為和某人有性關係之後，對他就會比較特別。結婚後仍然和異性交往，且不擔心有什麼後果。

適合你的結婚對象

【屬鼠的人】

鼠年出生的他，不太適合你。做任何事都先做萬全準備後再行動的你，使他有點不滿，因為優越感很重的他，不喜歡你比他出色。

他雖然看起來很溫和，但常固執己見，所以，你最好不要只顧到自己，否則會引起他的不滿。

【屬牛的人】

他和你同是「三思而後行」的人，兩人很投緣，很能相互幫助。

有時你希望他對你說些情深意長的話，可是他很含蓄，不太敢開口，不過他是最愛你的。當你們手牽手時，你應該可以感受到他的熱情吧！

【屬虎的人】

兩人一起走在暗巷裡，他會突然靠過來接近你，你則很冷靜地避開。虎年出生的他，不會照著你的意思去做，是個令你不愉快的人。幸好冷靜機警的你會處理得很好。

因此，你與虎年出生的他，最好保持適度的友誼關係。

【屬兔的人】

表面上你們兩人很要好，然而經常會懷疑對方，所以，實際上你們並不是很投緣的一對。

爭吵之後，彼此都不向對方道歉，僵局的結果，只有徒增煩惱而已。由於有個性上的差異，你們並不適合。

【屬龍的人】

當你想去海邊時，他卻要去爬山。你們兩人的意見常常無法一致，幾經說明，他也不會接受。因此，你會覺得他是個常跟你唱反調又令你討厭的人。

但是，他有你欠缺的優點與智慧，只要彼此常在一起切磋琢磨、相互勉勵，他倒是個不錯的對象。

【屬蛇的人】

剛開始認識時，雙方都有好印象，但再進一步交往就會漸漸覺得厭煩，因為彼此的共同點太多，不僅優點相同連缺點都一樣。也許太過了解就是厭煩的主因吧！

另外，他對服裝方面講究流行，走在街上會對別人的穿著品頭論足。

在個性方面，兩人都很本位主義，這一點要注意。

【屬馬的人】

馬年出生的他，個性豪放，但常常更改原定計畫，使得你非常不高興。

他在團體中很活躍，且最擅長熱鬧的交際場合。

【屬羊的人】

羊年出生的他，是個老實的人，在你看來，常誤以為他什麼事都會聽你的，其實他自尊心很強，你最好多顧及他的立場，不然他會突然地離開你。

老實說，他不是很適合你的對象。

【屬猴的人】

猴年出生的他，頭腦靈活，但太愛說話，會把你和他之間的秘密無意間告訴別人，這樣很容易破壞了你的形象。

即使兩人已有肌膚之親，他的態度卻是蠻不在乎或當成一種遊戲，和你的態度、想法不同。由這點看來，你們以普通朋友的關係交往會相處得很愉快。

【屬雞的人】

你和雞年出生的他很投緣，只要兩人在一起，不管是去看電影或喝咖啡，常常高興得忘了回家的時間。

他會依依不捨地送你回家，然後給你一個甜蜜的吻。像這樣熱戀中的你，也許因沉醉在愛情的甜美裡而常在夜裡睡不著覺，就連作夢，彼此也會夢到對方。

你們是一對很投緣又富於羅曼蒂克的戀人。

【屬狗的人】

當朋友在金錢方面有困難時，他會傾囊相助，常常搞得自己兩袖清風，每個月的預算都花得一乾二淨。這時你會抱怨他只顧朋友而忽略了你。

如果你沒有真正地了解他，兩人就不可能長久地交往下去。

【屬豬的人】

豬年出生的他，處事很熱心卻又不得要領，和你正好相反，你和他在一起會有一種經常想要幫助他的念頭。

做事很熱心是他的魅力所在，你也能很適切地幫助他。

他坦率純真，不會撒謊，一向比較虛榮的你，特別要注意的是不要說謊。

如何表現你的魅力

AB型蛇年出生的你，冷漠且較無感情，正是現代人的最好寫照。

在服裝方面，都市氣息的你完全表現了「都市女郎」的穿著，既成熟又時髦。

但是，你整個人給別人的感覺是冷漠的，最好能在人際關係上多費心思，學習如何擁有親切的態度。

選擇適合你的對象

因為你很重視個人的隱私權，又因冷漠的交往態度，因此，適合你的對象最好是個既體貼又溫柔的人。他雖親切和藹，卻無法自由地走進你心裡，但卻能以你沒有的和善態度來與你長久交往。

在讀書和工作方面，他會很強制地改變你過去那種固步自封的態度，這樣的他反而對你有益。可以將生活的步調完全配合他，因為他會給予你很具體又正確的生活目標。

給你的建議

【學業】　AB型蛇年出生的你，能很快地找到適合自己的讀書方式，因此功課很好。

但要注意，你常因過於重視「讀書要領」而疏忽了其他的事，特別是課外讀物方面，會疏於閱讀。

【事業】你是個動作敏捷的人，所以，做任何事都能得心應手。即使是相當困難的工作，也能在短時間內完成。像這樣的工作能力是眾人矚目的焦點。但你要注意，不要過於驕傲，謙虛是一個人成功的重要因素之一。

【經濟】AB型蛇年出生的人，絕不做浪費金錢的事，也很少為了別人花錢，所以別人會覺得你很吝嗇。朋友生日時，送些禮物是有必要的。

【健康】因為你原本就有謹慎小心的個性，所以，稍有感冒的徵兆時，你就懂得添加衣物和吃感冒藥。

實際上，由於擔心過度反而使得體質很弱，建議你，與其吃藥打針不如平常就多多運動，慢跑就是很好的方法。

AB血型

馬年生的人

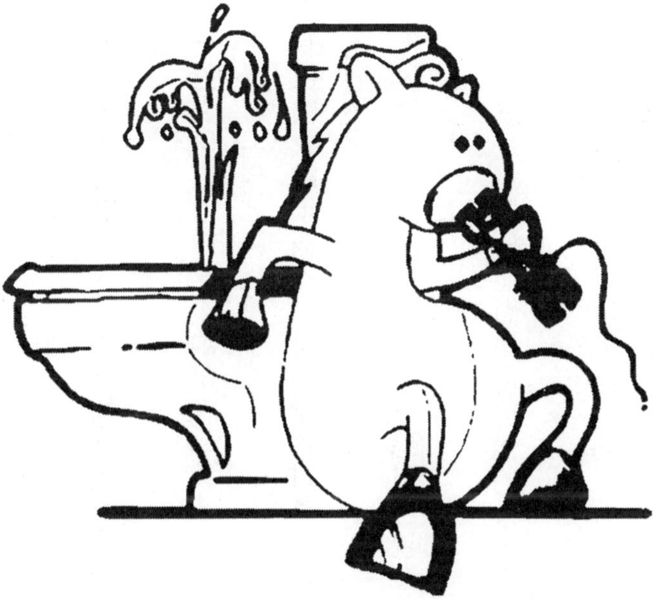

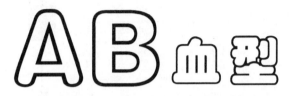

性格——像天空中飛翔的小鳥般愛好自由

AB型馬年出生者，是個愛好自由的戰士，最討厭被束縛，喜歡像天空自由飛翔的小鳥，完全照自己的意願飛行。

如果被束縛住，就會極力地反抗，全力去爭取自由。不論是在學校或公司，對於刻板的生活，則表現出反抗的姿態，也會對上司提出抗議。

大體上來說，AB型馬年出生者，沒有什麼大的煩惱，只是常覺得日常生活過得很無聊，無時無刻都在夢想脫離現實的生活環境。

對電影或戲劇裡那多采多姿的人生世界懷有無限的憧憬，因厭惡自己現在的生活方式，而常常抱怨著。

這種人的本性很善良，一直向上努力，但是，對於能力比自己差的人，態度上就顯的有點輕視，這一點最好能改正。

你常覺得自己是個特殊人物，往往標準訂的過高而超過了自己的能力，所以，留給別人的印象不太好。如果能除去「自認特殊人物」的心理作祟，實際上，就是個開朗且善良的人。

人際關係——表現慾很強

AB型馬年出生的人，不管在哪裡，都是個很醒目的人，因為具有很強的表現慾，無論何時，都希望別人承認自己的存在地位。

因此，被很多人認為是好管閒事、愛出鋒頭的人，這完全是表現慾的個性使然。

這種人對別人的批評並不在意，只要自己過得好就好了，即使別人生氣也無所謂。總認為「如果別人都認為我壞，就讓他們這麼想吧！只要忠實於自己內心所想的就好了」。

從另一個角度來看，你還是很單純的。雖然有人會認為你沒有什麼耐性，但也會察覺到你單純的一面，而對你產生好感。

實際上，AB型馬年出生的人，除了表現慾強烈以外，沒有其他不好的地方。你並不會惡意地去傷害別人，雖然表面上給人的印象不好，但只要進一步交往，別人會意外地發覺到你親切又溫和的一面。

人生──把不滿藏在內心

AB型馬年出生的人，常會產生挫折感。因為你的理想和希望不建築在自己的能力和所處的環境上，只是一味地夢想，這樣當然容易產生挫折感。

另外，如果已稍有成就，並不心滿意足，而會一直希望往上衝，無論衝到任何階段也都不會滿意，且把不平與不滿藏在內心。

AB型馬年出生的人不喜歡操勞，雖然也了解「有苦才有樂」，但是，仍一味追求安樂的生活，而不願吃苦。

由於嚮往華麗的世界，很容易就流於奢侈的生活，所以，生活並不很安定。情況好的時候，就過著人人羨慕的豪華生活；情況不好的時候，連自己立足的地方都沒有。

AB型馬年出生者的優點，是非常開朗活潑，而且遇挫折不氣餒，仍會振作起來向理想邁進。周圍的人也許會認為你的生活方式有點膚淺，但是，只要朝著理想努力就好，而不在意別人怎麼說。

機運——往往錯失良機

因為一直追求自己的夢想，所以，很容易讓其他機會溜走。又因不滿現狀，只把眼光放在高遠處，即使好運就在眼前，你也不會察覺到。

但是，即使機會溜走了，你也不會覺得可惜，因為你在意的只是心中的那個大理想，其他的事早已不重要了。

職業——適合具活躍性的工作

討厭被束縛的AB型馬年出生者，不適合室內的工作，適合需要外出且變化較大的工作。

適合的職業有：導遊、採訪記者、服裝模特兒或影視歌星等，這些工作可以滿足自我表現慾而且變化多端。

功一天。

但是，要體認到一點，任何工作都是起步難，所以，要能忍受住辛勞，才有成功一天。

愛情——對新人感興趣

AB型馬年出生的人，比較熱衷於多采多姿的戀愛方式。一旦談了戀愛，就非常引人注目，好像舞台上的大明星一般，言談舉止都洋溢著熱情。

戀愛時的你，會把所有的心事告訴對方，也會把這份戀情毫無忌憚地向周圍的人公開。希望別人都知道你的戀愛過程，因此，別人都覺得你有點神經兮兮的，而認為妳是不是得了戀愛病。

AB型馬年出生的人喜歡談戀愛。若與某一位戀人很痛苦地分手後，就會馬上和另一位戀人談戀愛，像這樣連續不斷地談戀愛，而且對新人特別有興趣。

所以，與其說你愛對方，不如說喜歡戀愛的氣氛。因此，如果對方離你而去時，也不會覺得是受了打擊。

AB型馬年出生的人，在戀愛時，人會變得很坦率，且很聽從對方的話，一時之間變成的溫柔和藹的伴侶。

婚姻——無法忍受單調的家庭生活

AB型馬年出生的人，不適合家庭生活。雖然在新婚期還能接受婚姻生活，一旦長久共同生活下去，就會顯得不耐煩，這一點是AB型馬年出生者的最大缺點。

但是，AB型馬年出生的人，若碰到一個懂得尊重妻子的自由，且努力地維護家庭幸福的丈夫，這又另當別論。

在這樣的情況下，你會希望雙方就向情侶那樣，維持著濃郁的愛情，如此才能使你安於家庭，做個盡責的妻子。

性愛——有自己的性愛伴侶

AB型馬年出生的人，對性愛的態度很積極，往往不等男方要求，只要自己有慾望時就會積極地提出。

在你的想法裡，沒有貞操觀念，而認為「貞操」是既古老又愚蠢的事。

你是強調性愛自由的人，換句話說，你有性愛伴侶，但是，不完全沉溺在性愛的歡樂裡。

適合你的結婚對象

【屬鼠的人】

鼠年出生的他，是個很好的對象。他有敏銳的觀察力，往往不待你說出就先為你做好了。

他很尊重你的自由，並且一直保護著你。但是，如果你因此而過於傲慢，最後傷心的會是自己。

【屬牛的人】

你們兩人很沒有默契，個性全然不同。談起話來沒什麼樂趣可

言，既不投機又容易會錯意。

牛年出生的他，是個善良的老實人，而你生性活潑開朗，因此和他在一起你會覺得很無聊。

【屬虎的人】

虎年出生的他，英俊挺拔有男子氣概，當你們初次見面時，你會被他迷住，而他也對你有意。

你們兩人蠻相配的，不管是走在街上或在公車裡，都會手牽手地在一起。你們彼此相親相愛，是很不錯的一對。

【屬兔的人】

你希望在生活上諸多變化，而兔年出生的他，只求平安無事的生活，所以，你們兩人的關係就像油和水一般互不相溶。

他在藝術方面的興趣很高，如果與他一起去看畫展或共同討論文學，他倒是個不錯的伙伴。

由此可以知道，他是個有教養有學識的人，最好你能珍惜他這份友誼。

【屬龍的人】

他是個不服輸的人。若兩人在一起，常會有爭端，而且彼此都不讓步，鬧到最後只有分手而已。

建議你，兩人交往時，最好不要論及男女感情。

【屬蛇的人】

你若和其他男孩聊天，他馬上會來打擾，所以，你若和他來往，就不可能有其他的異性朋友。

和他在一起，你常會感到無聊，所以，還是和他保持一段距離比較好，這樣你才可以和其他朋友在一起。

【屬馬的人】

你們同樣討厭不束縛，也同樣會要求愛的人順從自己的意思，所以，你們之間很容易發生爭吵。

如果彼此的意見合得來就好，如果合不來，你們遲早會分手的。

【屬羊的人】

羊年出生的他，較為膽小，但在你看來，這正是他可愛之處，大概是因為你天生就有保護人的母性本能吧！

他的感受力很高，也很會說話，和你談話的內容，很能配合你奔放的思想，因此，你們可以聊得很投機。

由於彼此能很坦率地說出自己的理想和希望，因此，你們是很合適的一對。

【屬猴的人】

猴年出生的他，開朗活潑，在遊玩方面很內行，常常想出一些有趣的點子來引起你的注意。

但是，他是個本位主義者，無法包容別人，而且戀愛對他來說只是一場遊戲而已，因此，你們兩人不太可能相處得好。

【屬雞的人】

雞年出生的他，頭腦非常好，可是很會與人爭強，而且也不會考慮到你是否在場，若是和他在一起，你常會心神不寧。

他比較注重自己的事，對別人的事就不太關心，也許你會因此覺得他心胸狹窄。

【屬狗的人】

狗年出生的他，愛情的表達方式很直接很坦白，這正是你喜歡的戀愛方式。

在眾人之中較出色的你，很令他滿意。

他一旦愛上了你，就會非常地專情，且對你照顧得十分周到。

【屬豬的人】

他不喜歡出風頭，所以，他對有表現慾的你，沒有好感，在他內心只是覺得你很成熟而已。

如果和他交往，你無法表現出你的優點，就會讓你覺得兩人的交往很沉悶，且抹殺了你的本性。

如何表現你的魅力

個性豪放、崇尚自由的你，所穿的服裝正好配合你的性格。

原本你就不喜歡做與別人相同的事，所以，你愛穿些與眾不同的衣服。但不要打扮得太過於成熟，最好穿著絲質襯衫和藍色長褲，或是花邊襯衫配迷你裙。另外在化妝方面，已暗色為主較好。

但是，不要光注重自己的外表服飾，最重要的是不要忘了時常面帶微笑。

選擇適合你的對象

年輕的你，一直在追求夢幻般的理想，處事上就比較沒有定性，所以，最好選擇一個沉著、冷靜又踏實的伴侶。

在你不滿現實的時候，他能適切地給予忠告，若能選擇這樣的他是最好的；如果遇上了和你一樣，不滿現實，又無定性的他，在你的人生上就沒有所謂的進步了。

在學業或工作方面，當你決定了目標時，不妨參考他給你的建議或具體方法，這對你有很大的幫助。

選擇一個有辦法規束你的人，是最理想的對象。

給你的建議

【學業】 每次考試的時候，都無法達到你的高遠目標。雖然訂定讀書計畫是很好的事，但是，不要超過了自己的能力範圍，而把計畫訂得太高，最好先衡量一下，再按計畫行事。

【事業】 你對自己所做的事常感到不滿，總認為才華會被埋沒。但你忽略了每件工作都有它的意義存在，所以，最好多學習踏實的人生。

【經濟】 AB型馬年出生的你，因愛好自由的個性，使得在金錢的支出上也是沒有節制的，所以，經濟的盈虛差距很大。

雖然有時也有儲蓄，但看到想要的東西時，會把儲金提出來購買，因此，你最好養成每天記帳的習慣，這種有計畫的經濟是有必要實行的。

【健康】 AB型馬年出生的人，天生體質不錯，但是，常會勉強自己，因而過於操勞，這令人很擔心。

平常熬夜、夜遊，是常有的事。不管多麼勞累，即使有休假的日子，也想出外遊玩。希望你能注意自己的生活作息，生活要有規律，才能維持身體的健康。

AB血型

羊年生的人

性格——獨立於自我世界裡

AB型羊年出生的人，有自己的獨特作風。雖然你的特立獨行，還不至被人說是怪人，但在動作或談吐上總覺得和別人不一樣。

你和別人談話時，常是一副心不在焉的表情，然後突然地轉變話題，讓對方很訝異……等等的事很多。

由於自己心裡所想的通常不會說出來，因此，周圍的人會覺得你心事重重，無法了解你到底在想些什麼？

但是，AB型羊年出生的人，本身並不想要標新立異讓別人覺得怪異，這完全是個性使然。因此，與其說和別人交談，不如說你在自言自語。

另外，你很內向、沈默，但不是那種想不開的人。有時候也會很樂意地參加朋友的宴會或舞會，只是在那種場合你很容易孤立起來，無法和朋友打成一片。

還有，AB型羊年出生者有潔癖，而且有一般少女應有的嗜好與興趣。

人際關係——不讓別人探知自己的內心世界

AB型羊年出生的人，對周圍的人而言，是個很難相處的人。最主要的是你不願將自己的心事說出，即使和你交往相當長久的朋友，也無法了解你。

同樣地，你也不會想要深入地了解別人，雖然具有溫和友善的心，但是，看到朋友煩惱或苦悶時，你不會很積極地給予意見或主動幫忙。

有時心情不好，也不對別人說出來，只是逕自哭泣。有時會做出很果斷又令周圍的人很驚訝的事。雖然周圍的人不知道你要做什麼，但AB型羊年出生的你，只要自認為是對的事，就會去做。

AB型羊年出生的人，不管年齡多大，仍會像小孩子一樣撒嬌。

另外，AB型羊年出生者不會被周圍的人討厭，因為你那獨特、單純，對任何事情都沒有強烈慾望的個性，使得別人不會排斥你。

人生——對現實的名利慾望很淡薄

AB型羊年出生的人，對事物的看法及價值觀，跟一般人不同。所以，生活中那些現實的金錢、名譽、地位等，都看得很淡薄。

當然，不能因此就說你所追求的像修道士那樣崇高的境界。事實上，你對宗教一點都不感興趣。

這麼說來，AB型羊年出生的人，到底在追求什麼呢？簡要地說：是在追求自己的興趣和情感。

像這種只追求自己興趣的行為，在別人看來也許沒什麼意義，但是，只要你喜歡且適合你，就會很固執地追尋下去。

AB型羊年出生的人，不善於社交應酬，而且在經濟上、精神上會有一段時期境遇不佳。但是，無論是處在怎樣的狀況下，只要能夠做自己喜歡的事，就過得怡然自得。在工作方面，如果正好和興趣相符合，就會顯得出類拔萃。

機運——懂得把握住屬於自己的機運

AB型羊年出生的人，完全依自己的方式生活，對世俗的一切並不太關心，因而常讓許多機會溜走而不自知。

但是，由於AB型羊年出生者的價值觀和別人不一樣，所以好機會溜走了，也不會很在意。不過，如果是和興趣一致的機會來了，就會很積極地去爭取。

職業——從事藝術方面的工作較爲適合

對世俗不感興趣的AB型羊年出生者，通常都不喜歡上下班制的工作。由於比一般人來得感性，所以，從事藝術方面的工作是最適當的。

如果在音樂方面有些天份的話，不妨從事作詞、作曲或歌唱的工作，或者從事電子琴、鋼琴的演奏。若是擅長於繪畫方面的話，亦可成為漫畫家、插圖畫家。

好好地培養並運用自己的興趣以成為專家，是一條很好的途徑。若是寫作能力不錯，亦可從事作詩、寫小說等文學方面的工作。

愛情——清楚描繪出自己喜歡的類型

AB型羊年出生的人，在心裡已有一定的偶像，所以，如果遇到的異性不是自己喜歡的類型，就不會接受。

你擇偶條件絕不會以對方的外表、家世、經濟能力來決定，你是注重感性的人，所以，你的取決條件在於能否與你意氣相投。

當你已有對象時，周圍的人會很訝異地問：「你為什麼選擇他？」也許你的回答只是：「他和我有特別的感覺罷了！」

AB型羊年出生的人，與人交往一向是以很直接的態度，所以，對於喜歡的對象，會直接地表達出來，而且對他報以親切的態度，但不是像別的戀人那樣親熱，而是互相尊重對方。再加上你擁有豐富的藝術才華，常寫詩作畫給他，兩人共同生活在藝術的氣氛裡。

婚姻——絕不會因妥協而結婚

AB型羊年出生的人，會比較晚婚，也有可能一輩子獨身。雖然並沒有抱獨身主義的意念，但不知為什麼，找到適合自己的對象，時機會比較晚。

最大的原因就在於你非常重視兩人的「情感」，即使別人認為很不錯的對象，對你而言，卻認為彼此不投緣，因此，絕不會因妥協而結婚的，更不會為結婚而結婚。

性愛——對大人的世界抱有極大的興趣

AB型羊年出生的人，在性愛方面很早熟。也許因為在感性上很敏銳，所以，從小就對大人的世界抱有極大的興趣。

但是，你的第一次性經驗相當遲晚。對於自己不喜歡的人，絕不會讓他牽手，所以說你不會去做性愛遊戲。

在性愛方面成熟後，常常沉醉其中，有時候在性愛方面積極的態度，會使得對方有些退縮。

適合你的結婚對象

【屬鼠的人】

當你沉默時，他會問你：「怎麼啦！」然後就和你一樣沉默下來。其實你並沒有什麼原因，所以，會覺得有點愧對他。不過，他實在無法真正了解你，而且兩人的意見也很容易相左，所以，你和鼠年出生的他不太合適。

【屬牛的人】

你們都是沉默寡言的人，個性也是沉著穩重型的。

若是你們一同住在山上的別墅，他看書你織毛線，在寂靜中只

有微風吹動，不久兩人會很自然地緊靠在一起……。

換句話說，你們的戀愛是屬於成人的愛情。但是，你們應該多交談，才能進一步地相互了解。

【屬虎的人】

當你把辛苦織好的椅壁送給他時，他卻很不懂得體貼地說了一句：「還是送給我吃的東西比較好！」他雖沒有什麼惡意，卻無形中傷了你的心。

他是個現實的人，無法了解你那浪漫的個性。如果把他當作普通朋友的話，會相處得很好。

【屬兔的人】

兔年出生的他，會在日記寫滿愛的詩篇，你和這樣的人交往時，兩人可以談得很投機。

他不會笑你那少女的夢想，因為他本身就是個典型的浪漫主義

的人。

你來到這個世界，好像就是為了與他共同生活，為了與他談戀愛似的。

【屬龍的人】

兩人在咖啡店裡，他看著漫畫書，但當你正要開始看時，他卻說：「我們回去吧！」他是個自我主義者，只做自己喜歡做的事，不太尊重你的自由，一旦你違背他的意思，他就會生氣。

你若和他在一起，一切都要受他的左右。

【屬蛇的人】

蛇年出生的他，有點令人討厭，因為他常有意無意地摸你一下，雖然沒什麼惡意，但在眾人面前他這種動作會讓你很難堪。事後你會抱怨，這種行為讓你很討厭。

當你和別的男性談話時，他會在遠處盯著你，且心裡會很嫉

妒。因此，這樣的他，並不適合你。

【屬馬的人】

馬年出生的他，愛好鄉間生活，是個草原上的野孩子，你是他在森林中休憩的泉水。兩人在樹蔭下休息，共織愛情的美夢。

雖然你們的個性有很大的不同，但是，有很多地方你們會相互協調，成為一對佳人。

【屬羊的人】

你們同是羊年出生的人，在性格上非常相近，有許多共同點。你們很能相互了解，但彼此的缺點也很容易察覺出來。

雖然你們談話，還算很融洽，但如果意見不合時，立即發生爭吵。所以，不太適合以情侶關係交往。

【屬猴的人】

猴年出生的他，會積極地追求你，原本對他沒有意思的你，就會開始接受他，而與他交往。這時他的態度馬上一變，跟過去追你時完全不一樣。把女友當作自己遊樂的對象，就是這種人的特徵。

如果你認真地對待他，那就是標準的傻瓜。若兩人都以玩玩的心理交往，還能相處得很愉快。你對他千萬不能以情人的關係對待。

【屬雞的人】

雞年出生的他，愛好豪華氣派的氣氛，和你的個性不一樣。但他懂得如何使你著迷，使你主動跟他交往。

他口齒伶俐，談話富於機智，但欠缺實踐的態度，所以，你會漸漸地發覺他說的話不足以採信，不會對他產生信任感。

【屬狗的人】

誠實、善良，但是有點像木頭人。這樣的他給你的印象有好有壞，因此，你心裡會很矛盾，不知如何對待他。

不要只取其優點，而想和他深入交往。最好能看清楚彼此是什麼樣的關係，再做決定。

【屬豬的人】

他是真心真意地對待你，甚至全部的心思都放在你這邊，對你非常地照顧。為了你，他會改正自己的缺點。

兩人都以溫柔的情感對待，是人人羨慕的一對。

如何表現你的魅力

別人無法猜出你心裡在想什麼，對你有一種不可思議的神秘感。你那蒙娜莉莎式的微笑，給人一種神秘的魅力，比什麼都要來得迷人。

在服裝方面，不可每天都同樣的裝扮。不妨穿些淑女式的白色洋裝或年輕式的T恤牛仔褲。有時還可以穿全身黑色的套裝，顯示一下成熟女人的魅力。當然，依服裝的搭配，身上灑些花露水或香水是有必要的。

選擇適合你的對象

AB型羊年出生的人，不諳人情事故，又只注重自己的內心世界，總是很容易與人發生摩擦。

雖然這不是什麼大問題，卻讓別人對你抱有不信任的態度。所以，在選擇伴侶上，最好選那些能了解你，又有敏銳感受力的人為伴侶。

在學業或工作方面，選擇那些踏實又認真的人。可以將你的計畫和實行方向委任給對方，配合對方的指導，你將會很愉快順利地完成要做的事情。

給你的建議

【學業】　你並不認為非要拿到好成績不可。因此，考試前你不會很用功唸書，所以，成績不怎麼好。

不過，因感受力敏銳，所以在音樂、美術、作文方面非常有成就。但是，在學生時代，最好能在功課上花點心思。

【事業】　工作時容易分心，往往得不到工作上的成效。上班時遲到早退，又會突然地請假。在公司開會時，常不表示自己的意見，光是呆坐在那裡。

在公司這樣的態度是不會成功的。

【經濟】　AB型羊年出生者的財運不太好。

沒有儲蓄的念頭，也沒有很大的購買慾望，但錢總是在不知不覺中花掉了。不過，你不會把所有的錢花得精光，所以，不必擔心會窮得無立錐之地。

【健康】　AB型羊年出生的你，雖然身體狀況不錯，但有點神經質。再加上你不讓自己的情緒發洩出來，長久壓抑下來的結果，使得你很容易神經緊張，必須擔心是否患有神經性方面的毛病。

應多到戶外運動，以消除精神上的緊張。

AB血型

猴年生的人

性格——做事敏捷快速

AB型猴年出生的人，有卓越的辦事能力，而且說話也不會讓人覺得無聊。無論在任何場合，都表現得宜，且在人群中脫穎而出。做事積極有條不紊，從來不會推託，這是最大的優點。

由於有正確的判斷力和先見之明，所以，比一般人先發現事情的真相，而且很快就能適應新環境和接受新事物。

但是，你的缺點是缺乏耐心，態度有些渙散。對於做事情方面最初很賣力地去做，但不久就冷卻下來，甚至全部都放棄了。看起來每件事都做得很順利，但仔細檢討後，發現錯誤很多。

富機智的說話技巧，使別人感到愉快，但若太過於使用挖苦別人或諷刺別人的語氣，就會令人厭惡。

特別是當你心情不好時，會把你心裡的事通通說出來，或是為了尋開心而捉弄他人，讓周圍的朋友難堪或厭惡。

平常你是個很開朗的人，只不過有時候會心情不好，為已經過去的事情煩惱而悶悶不樂。

人際關係——依情緒的變化而有兩種不同的情況

AB型猴年出生的人，人際關係完全是依自己的情緒而定。

心情好的時候，開朗活潑，可以很快樂地與朋友交往，且一次又一次地說些有趣的事，一點都不會讓朋友覺得無聊。另外，你也是個有服務熱忱的人，當別人有煩惱時，你會設身處地的給別人建議，並從各種角度考慮事情的始末，而給予最適切的忠告，所以能得到朋友的信賴。

但在你心情不好時，就像變了人樣似地完全把不愉快的事發洩出來。此時就沒有過去那種親切率真的樣子，態度變得很惡劣，讓周圍的人感到驚訝與失望。

雖然頭腦不錯，且對於自己的脾氣也非常了解，但是，就是無法克制自己的任性。

周圍的朋友很多，卻沒有一個比較知心的朋友，原因在於你那任性的脾氣，使得別人不敢與你深入交往。

人生——人生很順利，極少缺失

AB型猴年出生的人，很了解自己的情況，也對將來有很周詳的計畫。這樣的你，以比別人快的速度，跑向光明的人生旅途。

利害得失計算得很清楚，而且懂得以愉快的方式解決問題。因此，你是走在錯誤極少的平坦大道上。

雖然和朋友一起盡情玩樂，但是，在心裡仍常常注意到功課或工作，所以，儘管你怎麼玩，該做的事，仍會做得很好。

但是，AB型猴年出生的你，最大的缺點是缺乏耐性，所以，一直無法爬升到頂點當個領導人物。

以爬山的例子來說，一開始爬時你會急著要到達頂點，可是沒多久，爬到一半沒力氣了就不想繼續往上爬，而且還很滿足於你已經爬到半山腰了，因此，就停在那裡看著別人繼續向上邁進，所以，你無法爬較高大的山。

原本你是不服輸，也不願看到別人比你強，但是，因個性關係，使得你沒有繼續努力的堅毅精神，而且也滿足於目前的成就。

機運——善於掌握好機運

AB型猴年出生的人，比誰都先察覺到好機運，且能很適切地掌握住。

你頭腦好，又懂得抓住好機會，再加上一有機會就立刻行動，這是成功的先決條件。但是，要注意的問題是，當你確實地掌握住機會之後，而在還沒有完全活用它之前，你就已經有點厭煩了，不想繼續做下去，這樣一來，檢討這整件事情，你等於什麼事情都沒做。即使再多的機會被你掌握住，若不好好利用，一切都是枉然的。你需要的是持之以恆的耐性。

職業——適合能表現你辦事能力和服務性質的工作

你有卓越的辦事能力，任何小細節都能做得很完善。如果能得到一份坐辦公桌的工作，你將會很受器重的。特別是進入一流的大企業公司當助理或秘書，是最適當的。

另外，適合服務性質的工作，如空中小姐、生命線工作人員等和社會福利事業有關的工作。

你不適合做需要有耐性和注意力的工作，如電腦卡片穿孔機作業員或打字員之類的工作。

愛情——外表熱情，心裡卻另有打算

AB型猴年出生者，對愛情的態度，常令人無法了解，總令人覺得有點馬馬虎虎，不視為慎重的事。

是典型的花花公子式的愛情，在戀愛技巧上，不輸給任何人。由於能夠清楚地知道對方的喜好所在，因此，如果對方是個很單純的人，就會完全被你吸引，成為你的情人。

當然AB型猴年出生的你，在戀愛時也會考慮到對方，但也不是完完全全為對方著想，總是希望對方比你更熱情，比你付出更多。一旦有比你的情人條件更好的異性出現，你馬上就會轉移目標。

由於你本身極富有魅力，追求你的人不少，所以，你有「愛情遊戲」的心理，這樣下去，到最後會連一個知心的戀人都沒有，也許年輕的時候還不打緊，到中年以後心靈上將很空虛，這完全是因你個性上對愛情的態度使然。

婚姻——對結婚也是以遊戲的心理對待

AB型猴年出生的人，最厭惡被拘束的生活，因此，對於結婚以後的日子，要求自由自在，不甘於只當一個家庭主婦，也無法忍受只有與子女和丈夫相處的生活。你會到社會上工作或參加各種社交活動，如網球會、游泳會或舞蹈社之類的團體生活，儘可能地把生活過得充實而有意義。

不善於處理家庭經濟，清掃、洗衣之類的工作也做得不好，甚至還推給丈夫或婆婆去做。對於子女的教育問題則有十足的把握，自信能把孩子教導得聰明又活潑。

性愛——有異性攻擊時，會很巧妙地閃開

由於好奇心強，從青春期開始就會看一些有關性愛方面的書籍。

也由於你比較男性化一點，行為舉止較為大方，所以和男孩在一起，談到性愛方面的問題或一起看這方面的書，你都能泰然處之。

但是，在有男性對你攻擊時，你又能很巧妙地閃開，這是你聰明的地方。

適合你的結婚對象

【屬鼠的人】

他正在看水族箱裡的熱帶魚時，你會想知道他是否隔著水族箱在看你。可惜總是被水草遮住，所以，你無法知道他有沒有在注意你。實際上，他都一直隔著水箱看著你。

你們彼此都有意，而且還蠻投緣的，是很不錯的一對。

【屬牛的人】

你的動作快，而牛年出生的他經常跟在你後面做。但是，他又是一個頑固的人，你的想法他不一定會接受。雖然事情是你先做之後他才做，但在做法上和你不一樣。當意見不合時，不管你怎麼說明，他都不會改變自己的想法。

和他在一起，要浪費很多不必要的時間去爭執，你和他不太適合。

【屬虎的人】

他對於有「花花少女」之稱的你，只有一半的興趣。虎年出生的他，在愛情方面很有一套，且很有自信。

雖然他對你只有一半的興趣，但經過長期的交往，兩人終會進入熱戀階段。

你們的個性很相似，可以成為一對佳偶。

【屬兔的人】

平常你想獲得某人的愛情，你都可以得到，唯獨對兔年出生的他，就沒那麼容易了。

不管你使用各種方法，都得不到他的青睞，這並不是說他不喜歡你，而是他原本的個性較為謹慎且內向的關係。所以，在你想要與他進一步交往時，最好是以誠懇的態度相待，否則若以你過去那種開放又引人注目的追求方式，會得到反效果的。

【屬龍的人】

龍年出生的他是個和藹可親的人。他會把你照顧得無微不至，他是真正地喜歡你。

在這世界上沒有人比他更愛你，而且他也發誓要給你幸福。你應該好好把握住他，才能抓住你一生的幸福。

【屬蛇的人】

蛇年出生的他，不會把心裡所想的事情說出來，但是，你只要看一眼就能了解他心裡的事。

你以玩愛情遊戲的心理跟他交往，雖然可以得到許多快樂，但是結果會很悲慘的。

在內心裏雖然有要跟他分手的念頭，但是，仍不自主地和他交往下去，這是一種孽緣，希望你能適可而止。

【屬馬的人】

你做事快速又有條理，不讓自己有休息的時間，但他的行動就無法和你配合。

馬年出生的他，活潑、口齒伶俐，但是，碰到你心情鬱悶的時候，他就沒辦法了。和他在一起時，你若常心情不好，他會很困惑，進而漸漸對你感到厭倦。

【屬羊的人】

他是個真誠老實的人，你若以半遊戲的態度與他交往，是非常殘忍的事。

在你離開他之後，給予他的打擊太大，也許從此他就不再相信第二個女性了。

他溫和親切，和他交往不會造成你心理的負擔，是個很不錯的對象，因此，不妨與他進一步交往。

【屬猴的人】

兩人遊玩的心態很旺盛，所以，你們的戀情是屬於愛情遊戲式的，但是，你們的熱情常會在一瞬間冷卻下來。

你們的交往只是以「利己」的態度維持這份感情，實際上並沒有什麼內容可言。所以說，你們只是在浪費時間而已。

【屬雞的人】

你若向他表示愛意，向來高傲的他會視為理所當然。

在開始交往時，他總把你當成奴隸般使喚，你若稍有不聽他的命令，他就如說教般地說個沒完沒了。

因此，你不會和他長久交往下去。在你離開他之初，他很後悔，但不會表現出來。

【屬狗的人】

他會把你開玩笑的話當真，而且兩人在一起時，他會突然地把你抱起來，使你很驚訝。

因此，常有儘快跟他分手的念頭。

你理想中的情人是幽默而有趣的人，但狗年出生的他並不適合，所以，像他這樣不懂風趣的人，你和他在一起無法感到快樂。

【屬豬的人】

你跟他說：「我喜歡像你這樣的人。」並不表示你愛他，可是他卻以為你很愛他。

當他發現你並不是真心地跟他交往時，那種受騙的感覺令他無法忍受。你們的個性原本就不合，不適合在一起。

如何表現你的魅力

AB型猴年出生者，開朗活潑，所以，在穿著上適合朝氣蓬勃又可愛的服飾。穿長裙不如穿短裙，穿短裙不如穿褲裝來得合宜。服裝的顏色上儘量避免暗色調，應選擇清爽亮麗的色彩。

不可打扮得過於孩子氣，因為那會顯得做作。以穿白色T恤配上短襪短褲，這樣帶有男孩氣息的裝扮較適合你。髮型最好是短髮，化粧方面則以自然為主。

選擇適合你的對象

猴年出生的你，耐性不夠，情緒也不穩定，因此，最好選擇做事毅力有恆心的對象。

若選擇了這樣的人，不管你脾氣多不好或對他惡言相向，他都不會生氣。若選擇了脾氣暴躁的人，就時常要發生爭吵。

當你對讀書或工作感到厭倦時，有耐心的他會幫助你，但不可因此完全依賴他。當他有困難時，你也盡力予以協助，彼此相扶持，才會有幸福。

給你的建議

【學業】　頭腦好，但美中不足的是缺乏耐心。

由於平日都沒有做預習、複習的工作，也不把功課放在心上，又不願輸給別人，所以，考試前就拼命地開夜車。你這樣的讀書方式不好，應該養成每天唸書的習慣。

【事業】　交付給你的工作，都能很有條理地去做，且任何人都會驚訝於你做事效率的快速與完善。對於困難的工作，你也能用自己的方法去完成。

但是，粗心大意是你最大的禁忌。越是認為簡單的事，就越容易因粗心而出差錯，所以，做事講求正確是很重要的。

【經濟】　你似乎不怎麼有財產。

雖然你相信金錢很重要，但卻又認為儲蓄是很傻的行為，因此，一旦有收入就會馬上花光。

在金錢方面，希望你能有所節制。

【健康】　你有健康的體質，雖不會有什麼大病，但在感情方面卻是起伏不定的，常有鬱鬱寡歡的時候。

雖然心情偶爾不好並沒有什麼不對，但精神經常有嚴重的憂鬱症，就必須注意了。最好多到外頭散散心，紓發一下煩悶的心情是有必要的。

AB血型

雞年生的人

性格——爲人嚴謹且有服務精神

AB型雞年出生的人，心直口快，尤其在與朋友笑鬧方面，是別人比不上的。

如果是男性的話，會成為很會說話的推銷員，不管是哪一種商品，都能因你獨特的才華而銷售一空。

如果是女性的話，將成為婦女團體的領導人物。所談的話題從政治、經濟到音樂、美術，甚至各種街談巷議的是是非非，這些話題的消息來源你都一手包辦。而且說話不會讓別人感到厭煩。

另外，AB型雞年出生的你，經常很親切地照顧別人，有時還太過於熱心，被人家說是愛管閒事的人。

AB型雞年出生的你，對偶像型的歌手，是標準的歌迷，幾乎每一場演唱會你都會參加，甚至以偶像做為模仿的對象。

相反的一面，你卻具備了非常嚴謹的性格，而且就是所謂的高智能者的處事態度。不但任何事都做得井井有條，而且讀書、工作方面也不落人後。

在運動方面，AB型雞年出生者不論男女，運動神經都很發達，且能充分地發揮出卓越的運動技能。AB型雞年出生者，可說是文武雙全。

人際關係——與精力十足的人交往

AB型雞年出生的人，交遊廣泛，朋友和知音很多，而且和每個人都能很耿直地交往。

不喜歡一個人待在家裡，假日的活動早在二、三個禮拜前就安排好了。不管怎麼樣，總是要和朋友在一起就是了。

因為你是個精力旺盛的人，所以，不管與多少朋友交往都不會感到疲倦。可是問題就在於，若與AB型雞年出生者交往的人，易感到不滿。因為AB型雞年出生的你，不管對誰都一樣熱衷，交友範圍太過廣泛的結果，使得有些朋友覺得你缺乏誠意。尤其是只希望你和他兩人成為親密關係的朋友，更會對你產生不滿。

再加上你那喜歡談論別人是非的個性，會無來由地招來誤解。若非有確實的證據，否則就不要說他人的事，謹慎言行是很重要的。

人生——會因人際關係而受到很大的影響

AB型雞年出生者，其人生和人際關係有密切的關連。無論是過著豐富的人生或是過著毫無意義生活，完全是看你的人際關係而定。

就如前面所說的，AB型雞年出生者，交遊廣泛是十二生肖當中名列第一位的。由於與人交往需要花很多時間，所以，對於AB型雞年出生的你，人際關係會直接地影響到你的人生。假如你所交的朋友當中，有能引導你走向正途的益友，你的人生就會過得充實而有意義；相反地，如果和一些不知上進的朋友鬼混在一起，你的人生就是空洞且毫無意義了。

所以，在選擇朋友上，必須與有內涵的人交往。尤其交友對AB型雞年出生的你來說，是人生的關鍵所在。所以，首先你應該先充實自己的內涵，並培養判斷人的能力，這對AB型雞年出生的你來說是非常重要的。

另外，你為人嚴謹，做事全力以赴，但是，一旦走錯了方向，可能一生都沒有成功的希望。所以，你要認清自己、了解自己，更必須注意人際關係的正常化，才能使你的人生更美好。

機運——必須確立自己的立場

AB型雞年出生的人，身旁都一直圍繞著許多朋友，所以，很容易受到他人的影響。常會因朋友關係而得到不少的好機運。

由於天生頭腦不錯，做事也很嚴謹，所以，好運氣都不曾溜掉。但是，雖然抓住了機會，有時卻因自己的個性上過於多話，而往往不能善加利用。而且若沒有確立自己的立場，就有可能被壞人利用。

所以，你若不想受人左右，首先要確立自己的立場。

職業——善用口才就是最好的謀生之道

愛講話的AB型雞年出生者，不適合靜坐在辦公室內的工作。利用你能言善道的才華，當節目主持人或廣播員，是最適合的了。尤其是深夜的電台節目主持人，會受到許多考生的歡迎。

另外，當女性推銷員或化妝品公司美容專櫃的銷售小姐也很適合，會因你高明的說話術，而有很好的業績。

愛情——如熱帶植物盛開的花朵一般亮麗輝煌

你的愛情就像在陽光普照的南洋地區，勝開著花朵的熱帶植物，任何人看了都覺得熱情又燦爛。AB型雞年出生的你，隨著自己率真的個性，會把整個人都投注在愛情裡，希望與所愛的人共築愛的世界。

被你那熱烈的愛情包圍著的對方，應該可以說是比任何人都幸福，但是，你這種熱情會給對方帶來愛的負擔。AB型雞年出生者的愛情，雖然是轟轟烈烈的，但最後易以悲劇收場，因為過於熱情，反而讓對方感到疲倦，只好決定離開你了。

熱帶地區的花朵，雖然都很美麗，但含有毒素的花不在少數。AB型雞年出生者的愛情也是一樣，雖然燦爛輝煌，但帶有懷疑、嫉妒等的「愛情毒素」。當你在追求對方時，這種「愛情毒素」的心理會很強烈，若導致對方無法忍受時，結局就無法收拾了。

但是，如果對方能包容你的戀愛方式，則兩人便可以繼續熱烈的愛情。

婚姻——建立一個充滿智慧氣息的家庭

AB型雞年出生的人，結婚之後，會把家庭佈置得像中世紀法國的沙龍一般，熱鬧中又充滿智慧型的氣氛。

因為不想生活在狹小的世界裡，所以，會和丈夫經常邀請朋友到家裡來，過熱鬧的生活。

同時也希望和丈夫在學問知識上相互切磋，不喜歡過慵懶、懵懂的日子。對於孩子的教育則以冷靜嚴肅的態度，而不願讓孩子養成依賴性。

性愛——比較早熟

在生理上比同班同學早熟，升國中時就已經有成熟女性的氣質了。

在社交方面很活躍，因為已有了女性的魅力，所以，在青春期就有很多男孩子追求你。和親密的男友在一起會感到非常地快樂，但是，千萬不可以因有許多男孩追求妳，就一次一次地更換男友。聰明的你應該了解到這一點。

適合你的結婚對象

【屬鼠的人】

你是個愛講話的人，當你看到或聽到了什麼事時，就一定要跟鼠年出生的他講，否則你心裡會不舒服。

你這種個性對他來說，確實是一種困擾，因為他的個性比較偏向於寂靜沈默，而不喜歡聒噪的人。

你的好意，他並不在意，甚至還覺得你是個自作多情的壞女人。

【屬牛的人】

當你赤足泡在清涼的溪水中，走在長有青苔的溪石上，清涼的水，可消除全身的熱氣，使你感到清爽舒適。

恰好牛年出生的他，正像清涼的溪水，讓你覺得身心無限舒暢，而且他體貼又善良。

牛年出生的他，是個可以彌補你缺點的好對象。

【屬虎的人】

你們兩人是在甘美的水果和熱帶地方的花香中，萌起戀情，這種戀情的背景是很重要的。因為如果沒有陽光和浪花這些大自然作為背景，你們的戀情是不會萌發的。

一旦離開了這些背景，你們的戀情也就結束了。

【屬兔的人】

有藝術家氣氛的他，外表上與一般人不同。你很會欣賞他的個性。

你很想跟他交往，但千萬不要心急，否則他會敬鬼神而遠之。最好先培養氣氛之後，再慢慢地表示出你的愛意。

【屬龍的人】

你和他的熱情，不輸給冬天的太陽，連落在你們肩上的雪也會融化。

龍年出生的他，是十二生肖裡頭最有個性的一個，他會把你緊緊地抓住。

【屬蛇的人】

希望有熱烈愛情的你，蛇年出生的他是最適合的對象。他不僅

在性愛方面能讓你滿足，而且是個絕頂聰明又熱情的人。

任何事他都能做得讓你滿意。不論白天、晚上，兩人都會在一起，使得愛情更加堅固。

【屬馬的人】

當你們兩人很要好時，就像在樹枝上的兩隻小鳥，每天快樂地唱歌。

但是，他是個容易變心的人，也因為你的愛情方式太過於熱情，而使他漸漸與你保持距離。不久，當他遇見其他的對象時，就會轉移目標了。

你和他的戀情是不會長久的。

【屬羊的人】

你不喜歡矯柔造作的愛情，而他卻強調愛情應表現得含蓄矜持。一開始，你們兩人就合不來。

他會被你的戀愛方式嚇著，對你採「敬鬼神而遠之」的態度。

你不要強迫對方接受你，應該考慮與你的個性合得來的朋友交往。

【屬猴的人】

和才華、知識都很豐富的他交往，對你是很有幫助的。他的知識，足以讓你耳目一新，增加不少知識。

以朋友的立場相處，他是個很值得交往的人。若想要與他有性愛關係，他的態度就變得冷漠。你若想以戀人的關係與他交往，反而會失去他。

【屬雞的人】

兩人都是做事有條理的人，但是，由於性格上有一點差異，因此，彼此會不滿意對方所做的事。你若幫他做點事，他反覺得你多事；同樣的，他幫你一點忙，你會不滿意他做的事情。

彼此都很在意一些小事，因此，你們之間根本沒有什麼愛情可言。

【屬狗的人】

狗年出生的他，會對你窮追不捨，一旦追到了你，會經常緊緊地抱著你。

但是，當你開始喜歡他時，他會對你的熱情感到疲倦，就不再想當你的男友了。他雖然待人不錯，但對你而言，他是屬於意氣用事的人。

【屬豬的人】

你一直都把事情做得乾淨俐落，但豬年出生的他，始終是一副辛勞的臉孔，使得你對他感到不滿。其實他並不在意你，根本不會把你當成很重要的人。

他和你想像中的不一樣，而且你也不可能改變自己去適應他。

如何表現你的魅力

AB型雞年出生者，是個性開朗活潑，說話喋喋不休的人。因此，周圍經常有一大群的朋友，談笑聲永不斷絕，就像演藝人員一般帶給周圍的人無限的歡笑。

但是，不要當沒有內涵的小丑，若光說一些言不及義的笑料，而失去了談話的本意，就不會受到別人的尊重。希望你的魅力是出自內涵，有深度的涵養和幽默感，才是大家所歡迎的人。

因此，你應該多閱讀書報雜誌，擴大自己的知識領域，多方嘗試以累積自己的經驗，才能使你的魅力更完美。

選擇適合你的對象

你有很多的朋友，也很惹人喜歡，不過，也很容易受人的影響，所以，要非常慎重地選擇你的伴侶。

如果你結交的只是一群愛玩的朋友，表面上看起來生活會過得很愉快，但對你絕對沒有好處。應該多結交一些心靈上相互了解，又能彼此鼓勵向上的朋友。

因為AB型雞年出生的你，嚴謹和輕忽的個性都有，所以，最好選擇謹慎沈著的人比較好，特別是在工作、讀書方面都能先計畫，然後確實地去實行的人，是你最適合的伴侶。

給你的建議

【學業】　原本頭腦就很好，再加上讀書有要領，因而成績一直都很好，運動方面也很不錯。在別人看來你就像是個全能者。

只是在考試時，很容易因疏忽而寫錯，希望妳以後考試時，做完題目一定要再檢查一遍。

【事業】　因為嚴謹的個性，所以交給你做的事情，都能做得很完善。

但是，如果讓你靜靜坐著工作的話，那就無法做得好，因為你會一直講話。希望你能了解，在必須靜靜地工作時，「沈默是金」這句話的重要性。

【經濟】 AB型雞年出生的你，很懂得理財，也會一點一滴地儲蓄。

但當朋友有困難時，你馬上傾囊相助，買東西送他或借錢給他，所以，很快就把所有的積蓄都用盡，這是你疏忽的地方。

【健康】 通常雞年出生者的健康狀況都很好，即使偶爾操勞些，也不會對健康有什麼不良的影響。

但是，若不小心感冒了，很容易引起其他的併發症，這一點你要特別注意。

AB血型

狗年生的人

性格——同時具有冷漠和親切的一面

AB型狗年出生的人，真是個不可思議的人，同時具備了堅忍耐勞、溫柔體貼和冷漠、親切的個性。

表面上給人的印象是堅忍又冷漠型的，做任何事情都有尺寸節度，對於那些做事馬虎的人，總是冷眼相對，但是，在你的內心是非常地慈愛溫柔的，甚至屬於多愁善感的人。

一陣秋風吹過，你有時會感慨地流淚，這是你柔弱的一面。你的心情很容易受他人的影響，表面上的冷漠完全是硬裝出來的。

當朋友有困難時，你比誰都先要同情對方，會設身處地的為對方著想，但不會馬上付諸行動，而斟酌情形，以最適當的時機給予幫忙。由此可看出狗年出生的你，是個行事非常謹慎的人。

人際關係——親子關係非常密切

AB型狗年出生者的交友方式，在別人眼中看來，態度總是很冷漠。對於初次見面的人，面容嚴肅、態度生硬，顯得很不友善。對比較親密的人，也不會把自己的心事說出來。

在團體中雖然和周圍的人聊得很愉快，但時間一到，馬上自己一個人先回家。因此，常被人家譏為陰陽怪氣、難以相處的人。

若是繼續和AB型狗年出生的你親密地交往下去，對你的印象就會大大地改觀。因為你本來就有親切的一面，如果你完全表現出來的話，就更讓人覺得你很富於人情味。

尤其是你答應過的事，一定做得令人出乎意外地完善，甚至讓對方不敢相信。

親子間的關係非常地親密。AB型狗年出生的你，對父母、對子女有強烈的情感，任何人都沒有辦法介入。這樣的感情不管是好是壞都有很大的意義。

人生——如何度過人生的挫折是最重要的問題

一般來說，AB型狗年出生的你，人生旅途非常地平坦。平常自制力很強，又重視每天的生活內容，所以，不會遭遇到什麼大的失敗。

你有很強烈的責任感，對工作或讀書的態度，比誰都要來得認真負責。

但是，當你遇到挫折的時候，就失去了你平常的冷靜態度，一味地反覆考量，在不得不做大決定的時候，你往往裹足不前，下不了決心。若是持續著這種猶豫不決的態度，一旦放鬆下來，很容易就迷失了自己，要重新再找回自己堅定的生活方式，就必須花很長的時間。

AB型狗年出生的你，最重要的一件事是，要很頑強地解決一生中的任何困難與挫折。

另外，你判斷一個人常以外表來決定，其實一個人的外表並不是最重要的，重要的是要充分發揮自己所擁有的才華。

機運——遇到緊急情況要有膽量不要畏縮

AB型狗年出生的你，平常是個勤奮踏實的人。當然，機會來了你就會緊緊地抓住。但是，通常都沒有大機會讓你碰到，倒是一些小機會讓你靈活運用。

如果現在有一個可以使你的人生有一百八十度轉變的大好機會，反而猶豫不決，再三地思索，到最後只好苦惱地看著機會溜走，什麼事情也沒做。

遇到緊急情況或問題時，要充分發揮自己原有的能力，不要慌張，果斷和膽量是很重要的。

職業——適合細心的工作

認真又有責任感的你，一般事務或經理事務等職，或是打字員、電腦操作員之類的工作，都能做得很好，有條有理且非常稱職。

又因為你的內心是溫柔仁慈的，所以適合做護士、褓姆或學校老師，因為十分稱職，得到許多人的愛戴與尊敬。

由於你缺乏果斷的機智，所以，不適合自己開店或從事自由業，盡量以進入有組織的大公司為目標，才能發揮你的潛力。

愛情——熱情時連岩石也被熔化

AB型狗年出生者的愛情，表面上看起來非常的平凡，實際上，戀愛時的熱情足以使岩石都熔化。

很少會向對方明白表示「我喜歡你！」從表面上看不出你的熱情，但日子久了，周圍的人就會很自然地發現，AB型狗年出生的你，正在戀愛了。

戀愛中的你，嘴裡不說出來，完全裝得一副沒有戀愛的樣子，但是到底愛情的力量還是很大的，內心的熱戀會在你的態度、表情上自然流露出來。愛情雖熱烈，但表面上仍像古老式的含蓄美。

儘管自己多麼喜歡，如果與對方不相配，你會永遠地愛在心中；如果你所喜歡的對象早已有了愛人，你會默默地祝福他。

相反地，如果是別的異性主動接近你，即使不是你心中理想的對象，也將被對方的熱情與誠意而感動，最後墜入情網之中。

婚姻——會因對方而改變自己

AB型狗年出生的你，不管結婚對象是誰，都可以使自己生活得很快樂。如果你的丈夫是個大男人主義者，你就會扮演一個傳統中溫順的妻子。如果你的丈夫比較沒主見，你就會扮演一個堅強又能幹的妻子。你是個懂得平衡的人，會依對方的類型而改變自己。

AB型狗年出生的你，雖然為家庭的幸福而努力，但長期地過於壓抑自己，而變成歇斯底里的個性。

性愛——較不能依自己的意願

AB型狗年出生的你，性愛方面亦受對方的影響。即使不怎麼喜歡對方，如果有

「深一層的關係」的話，你就會不知不覺地成為對方性愛的俘虜，在性愛方面無法依自己的意願。

相反地，如果對方是個很純情的人，你和他心連心的話，即使沒有性愛關係，也能很親密地相處在一起。

適合你的結婚對象

【屬鼠的人】

鼠年出生的他，表面上看起來似乎和善溫順，沒什麼缺點的人，但是，在他內心裡全是不平不滿，性急又沒耐性。

多少有一點優柔寡斷的你，和他在一起，你會覺得很累。

交往時彼此不妨把心情放鬆，以坦率的本性相處，也許還可能合得來。

【屬牛的人】

牛年出生的他，看起來正直又講義氣，好像很可以信任的樣子。

但是，交往久了會發現到他頑固的真面目，又沒有什麼幽默感。不過，如果和他有共同的理想和興趣，可能還可以交往下去。但要注意最好不要失去了新鮮感。

【屬虎的人】

有男子氣概的他，在你遭到困難的時候，他無時無刻都會伸出援手，幫你解決困難。

雖然他行事有些過於強制性，令你有點不安，但是，處事慎重的你，正好可以彌補這一點。兩人的優缺點相互平衡，是非常適合的一對。

【屬兔的人】

你在他的身旁，好像是平靜的大海裡優游的美人魚一般地自由自在。

溫柔又富於羅曼蒂克的他，是個讓你痴迷的人，而且他聰明又有智慧。

【屬龍的人】

龍年出生的他，不管年齡多大，都不曾忘記年少時的大志和理想。對前途勇往直前的他，令你非常欣賞。

但是，他是個「完全主義者」，肯定或否定分明得非常清楚，常為你那猶豫不定的態度，感到著急不安。

【屬蛇的人】

蛇年出生的他，屬於智慧型的貴公子，很令你著迷，但是，他

並不是你適合的對象。因為他驕傲、唯我獨尊，疑心病又重，再加上不讓別人知道他的心事，因此你若想了解他，只有徒增自己的煩惱和疲倦罷了。

【屬馬的人】

他相當適合你。如果和活潑開朗的他在一起，原本心情不好的你，會跟著舒暢起來；或者內心充滿朝氣的你，會比平常漂亮好幾倍。

他特別喜歡熱鬧的地方，你若邀請他到遊樂園地去，會使你們更為親密。

【屬羊的人】

羊年出生的他，雖然溫文儒雅，但是稍嫌懦弱了一點，感覺上缺乏男子氣概。

交往時彼此都太過客氣，因此，話題經常中斷，覺得沒什麼話

好談的。

因為很難了解對方在想什麼，且過於擔心這一點，所以，感到很疲倦。

【屬猴的人】

猴年出生的他，機靈、反應快、善於社交，你只要看一眼就會喜歡上他。

他的優點正是你所欠缺的開朗、大方，你應該多向他學習。但是他的大方帶了一點輕薄，這是美中不足的地方。所以，最好還是和他保持著普通朋友的關係。

【屬雞的人】

雖然做事嚴謹、不馬虎，但是，由於對別人的要求很嚴格，卻不要求自己，所以，被人說是只顧自己利益的自私者。

你若以犧牲精神和寬大的包容心來和他交往，這樣也許還可以

相處在一起，但累的人是你，還是不要和他深入交往比較好。

【屬狗的人】

你和他同樣有誠實心和正義感，也同樣小心謹慎，不易把自己的心意表達出來，你們之間的感情沒有什麼變化，只是普通友誼而已。

因為同是狗年出生的人，所以，彼此很容易了解，可以成為相互體諒的好朋友。

【屬豬的人】

天真浪漫、個性豪爽的他，也是個多情的人。但是，他的不善於表達愛意，常令你感到著急。

對待他的態度，千萬不可以馬馬虎虎。你若背叛了他，他是不會原諒你的。

如何表現你的魅力

雖然你是個溫和善良的人本主義者，卻不願坦率地表露自己的情感，所以，常遭別人的誤解。

若是有人了解你溫柔的一面，一定會喜歡你的。所以，平常不要築一道城牆，不妨坦白地表露自己的情感，這會讓周圍的人驚訝地發現：「我一直認為你是個冷漠的人，原來你是個幽默又和藹的人！」

在服裝方面，以能表現女孩氣質的服飾為主。化粧方面以粉紅和淡紫色較適合你。

選擇適合你的對象

AB型狗年出生的你，外表和內心世界完全不同。因為事事小心謹慎，所以，常築一道城牆來保護自己。

你最好走出這道城牆，去選擇一位心胸寬大又坦率的人為伴侶。如果再加上做事條理分明這項優點則更為適合。當你所選擇的對象坦率地把自己的心事表露出來時，你會發現到另一個自我。

在工作或讀書方面，要選擇一個有膽識、有判斷力的人比較好，才可以直接地為你解決大問題，並給你指點迷津。

給你的建議

【學業】　平常有預習、複習，是個真正用功唸書的人。你擅長於國文、英文、歷史等背誦的科目。對於數學、物理的應用能力較差，因此，對這方面要多下工夫。

【事業】　因為認真負責的個性，所以，即使事情很困難也不致中途放棄。只要突然遇到挫折時，便會失去冷靜的態度，而不知所措，所以，你要多學習膽識和果斷力。

【經濟】　AB型狗年出生的你，因為凡事小心的個性使得你有儲蓄的習慣。你不會衝動地大採購，而很有計畫地儲蓄。另外，因和朋友只是淺交，所以很少有為朋友花錢的事。

【健康】 你只要稍微有點喉嚨痛或打噴嚏，就會馬上去看醫生，且手提包裡永遠放有治療藥。你就是屬於這樣神經質的人，其實，小小的病痛，大可不必如此緊張。平常要多多運動，因為預防勝於治療。

AB血型

豬年生的人

性格——外柔內剛

AB型豬年出生的你，是屬於外柔內剛型的人。不管你在任何場合，與任何人接觸，你的表情都是一副溫柔的笑容，在內心你有自己的主見，不受任何人影響，是一個堅強的人。

有服務熱忱，但偶爾因過於熱心而給人不好的印象。對於工作或讀書的方法，或是日常生活的應對進退方面，從年輕時就一直是依自己獨特的方式，不受別人的左右。

生平最討厭驕傲和欺負弱者的人，對於你所討厭的人，不管有沒有侵犯到你，一律跟他們對抗到底。所以，過去認為AB型豬年出生者有溫柔和善的個性的人，會很驚訝於這種跟別人鬥爭的舉動。

若凡事都依自己的方式去做，就比較難與人相處。一旦討厭某人，不管誰來勸解，你都不會改變對那個人的看法，所以很容易被周圍的人認為是頭腦頑固的人。

另外，因讀書工作都依自己的方式，所以，比較不善於適應環境，一旦環境改變時，就比較吃虧了。

人際關係——選擇朋友固執於自己所訂定的標準

在上述「性格」中已經提過，AB型豬年出生者，是外柔內剛型的人，所以，你與人交往的態度也是如此。

因為你一向是面帶笑容與人交往，所以，周圍聚集了許多朋友，在這許多朋友當中，你會依自己的判斷力來選擇朋友，而選擇的標準並不是以他們有沒有才華，或有沒有人情味來決定，而是以他們的「人性」的本質來作判斷。

AB型豬年出生的你，喜歡誠實而不隱瞞的人，所以說，如果對方的本性不好，無論他長得多好看、多幽默或興趣和你合得來，都得不到你的信賴，自然就不會接受他了。相反地，如果對方不怎麼風趣或長得不漂亮，但是對方善良不說謊，對於這樣的人，你較易與其成為摯友。

但是，AB型豬年出生的人，處事和想法都過於獨斷，所以在選擇朋友時，若有什麼偏差，往往會失去了一個不可多得的好朋友，這一點希望你要留心。

人生——天生就有成功的好運道

AB型豬年出生的你，生來就得天獨厚，經常站在領導者的地位完成大事，這完全得惠於好運道的緣故。

AB型豬年出生的人，有堅強的意志力，勇敢果斷，這些都是成功者所應具備的條件。而且因有誠實的個性，故能得到許多人的愛戴和歡迎，所以說，AB型豬年出生者的人生，非常充實有意義，不輸給任何人。

做人處事都非常認真，完全是一副不知道什麼叫做疲倦的樣子，旁人看了都非常地感動，這樣的你當然是一個十分令人欽佩的人物。另外，你的責任心強，會盡全力地為大家而努力，也為社會貢獻出一己之力。

但是，在你內心常會有無法言喻的疲倦感。大概是因為你對任何事情都盡自己一切的力量，沒有屬於自己的時間來調節身心的平衡，才會有倦怠感。所以，你一定要有充分的時間讓自己好好休息一下。

機運——充分發揮膽識與果決力

AB型豬年出生的你，有別人非常羨慕的好機運。這機會並不是你刻意去製造的，而是在不知不覺中，自然而來的。

一旦抓住了好機運，就能發揮你的果斷和勇敢，充分靈活地運用，並使自己更上一層樓，絕不會讓機會白白溜走。

不過由於頑固的本性，抓住機會後，如果作法錯誤，也不會改變方針，這是很可惜的一點。

職業——適合經營小商店或咖啡屋

AB型豬年出生者，即使是女性，也是豪放大方、勇敢果決的人。這些個性正好符合了經營者所需具備的條件。

與其在公司上班，不如自己經營小規模的商店或咖啡店。由於AB型的你本身待人客氣，又受人歡迎，所以，從事經營事業一定會成功的。再加上，你果斷勇敢的個性，遇到困難挫折都不會畏縮，一定可以很順利地解決問題。

如果是在公司上班，當秘書是最適合的了，因為這需要積極性和責任感，委任重要的事情要很有條理地做好，這樣的工作，以AB型豬年出生的人為最適合，因為這樣的人是可以信賴的人。

愛情——總覺得有點生硬不自然

AB型豬年出生的你，絕不是戀愛的能手。儘管你非常真心地愛對方，卻總覺得你的態度生硬，無法自然。大概是因為欠缺讓愛情柔和安詳的心境，才無法從容、鎮靜地談戀愛。

和普通朋友的交往則非常自然，但一存有「愛情」的意識時，就無法使態度安詳自然。

當然，愛情含有許多成因，如：熱情、體貼、責任感、自我意識、嫉妒、溫柔等等。在這些要素當中，AB型豬年出生的你，以「責任感」的意識特別強烈。所以一旦愛上了對方，就會對他非常忠實，且盡全力要讓對方幸福，但是，往往太過於在意這些，而在盡全力之餘忽略了愛情應有的樂趣，不過，這些生硬不自然的態度會隨著時間而消逝。

能與一位了解你本性的情人交往，是最幸福的事。

婚姻——家中一切事務都是自己處理

AB型豬年出生的你，是典型的刻苦耐勞型的妻子，即使生活富裕也會一直鼓勵丈夫積極向上。

家裡的一切事務完全自己處理，也非常注重孩子的教育問題。

結婚後並不要求生活一定要豪華，但注重的是夫妻、親子間的親密關係。如果丈夫是個不講理或靠不住的人，那就很悲哀了，即使你一再地容忍，到最後還是會發生爭吵的。

性愛——和你所愛的人才有這層關係

AB型豬年出生的你，絕不會做愛情遊戲，如果不是自己所喜歡的人，無論對方長得多麼英俊或是當時氣氛多麼浪漫，絕不會因此違背自己的原則。

如果是面對自己所喜歡的人時，在性愛方面就非常熱情，不單是被動的姿態，有時還很主動，所以，夫妻間的性生活，非常美滿。

適合你的結婚對象

【屬鼠的人】

鼠年出生的他，常滿足於濃郁的愛情，讓人覺得缺少了男子應有的氣概。

雖然你有點喜歡他，但是，這需要很大的耐性。久而久之，你會發現他那種「合理主義」有點近於吝嗇，且會發現他頑固的另一面，自然而然，你就不再喜歡他了。

【屬牛的人】

表面沉著穩重的樣子，其實個性很剛烈，很容易和他起衝突。

當他犯錯時，他絕不會當場道歉，只是頑固地保持緘默而已。這時，你不要和他計算什麼，過一陣子他就會跟你道歉，因為到底他是個善良的人。

【屬虎的人】

虎年出生的他，相貌堂堂，威嚴魁梧。但是，在你看來他過於驕傲，是個很令你討厭的傢伙，因此你常和他起衝突。

他雖外表威嚴，但在感情方面還是很脆弱的，所以，對待他適合用溫柔的態度，才是上策。

【屬兔的人】

兔年出生的他，有高尚的嗜好，給人一種柔和的印象。你們能相互了解，並各自發揮自己的優點。再加上他口才好又浪漫，在他身旁，你的舉止會很自然，也會變得可愛。

【屬龍的人】

他是個大熱情家，充滿著希望和理想，很能吸引你。但是，若想要獨自擁有他的熱情，可能會有些困難，因為他的眼光總是放在極高處，不一定會注意到你。

【屬蛇的人】

他是屬於智慧的、俊美的。但他對於不喜歡的事，從不說出來，你對於他這種冷淡的態度，覺得很痛心也很苦惱。

你很傷心於他從不讓你知道他心中的秘密，所以，你還是不要

和他深入交往比較好。

【屬馬的人】

馬年出生的他，開朗活潑，但也容易見異思遷，所以，很少在你身旁，會和剛認識的女孩，聊得很開心。

你最好不要把感情付於他，因為他很難與你長相廝守的。

【屬羊的人】

他是個溫柔的和平主義者，缺乏忍耐力，在逆境中較無法堅強地站起來。因此，你就成了鼓勵他、給予他勇氣的人。

誠實的他，對於你的深情和鼓勵，會很感激地接受。

【屬猴的人】

頭腦靈活、動作敏捷的他，做人處事抱著只求平安無事的消極主義，對戀愛也是抱著遊戲人間的態度。而你一向都是認真負責的

積極主義者，因此，他和你完全不一樣。

和他保持距離，做個普通朋友比較好。

【屬雞的人】

和他深入交往，必須要有耐性和努力。

善於社交且理解力強的他，凡有不利於他的事情就會儘可能地避開，因此，你會覺得他心胸狹窄，且常因此而生氣。

所以，你對他要有寬容和耐心。

【屬狗的人】

有正義感的他，讓你覺得很有人情味。

雖然你們交往了很長的一段時間，但仍有一些無法溝通的感覺。因此，你們不妨放鬆心情，到公園走走，好好地談一談。

【屬豬的人】

同樣是豬年出生的你們，很能相互了解，也很容易彼此反駁對方的意見。

你們都很率直，不會說些客套一點的話，往往引起爭吵，爭吵之後就很難再和氣相處了。所以，你們兩人不要太任性，應該多多尊重對方。

如何表現你的魅力

很有服務熱忱的你，永遠都是一副和氣的笑容，所以你的笑容，就是你的最大魅力。因你溫柔的笑容而使得身旁聚集了許多朋友，或許是因為朋友們忘不了你那聖母瑪利亞式的戀愛與笑容。

在服裝方面，以表現母性溫柔的服飾較為適合，比如：柔和色彩的毛衣配上百摺裙，切勿穿著過於孩子色的服裝。

化妝方面，以粉紅色系列為主，才能生動自然。

選擇適合你的對象

AB型豬年出生的人做事認真，但也有疏忽的時候，所以，你最好選擇能以柔和的態度處理事情並能謹慎思考的人。當然也必須是個誠實的人，因為你本來就討厭不誠實的人。

當你在處理事情時，一旦突然遇到挫折，你也不會改變自己的方法，這時就必須有一個人能適切地給你建議，幫你解決問題。

特別是在讀書或工作的時候，捨棄你頑固的一面，順從他給你的建議，則一切會圓滿達成。

給你的建議

【學業】　每天都會做預習和複習的工夫，按照自己的方式，按部就班地讀書。

只是在考試時，寫完後不會再檢查一遍，希望你以後一定要再看一遍後才交卷。

【事業】 責任感重的你，交付給你的事都能確實地妥善處理，讓周圍的人很訝異。

但是，最好能接納朋友給你的意見，不要太執著於自己的看法。

【經濟】 天生就是一個善於理財的人。會照著自己的目標，一點一滴地儲蓄。

如果有很多的收入，會買下想要的東西後才儲蓄。總之，你是個有計畫儲蓄的人，這種態度使得你中年以後會有很大的財富。

【健康】 身心都很健康，但是你一做起事來，就欲罷不能，很容易過於操勞。讀書時往往讀到深夜，非要把該唸完的部份看完不可。

希望你能注意，不要熬夜或操勞過度，以免影響健康。

你和他的姻緣表

下頁的姻緣表是將血型與十二生肖配合而做出來的表格，你可藉此表看出你和他的緣分如何？不過，這只是一個大概的情形，僅提供你做為參考。當你看到◉的記號時，不要悲觀、失望，這是告訴你：「若要與他繼續交往，必須更努力才行。」反之，假使出現♡的記號，也不要過於樂觀，而忽略了彼此的努力，否則就會讓幸福悄悄溜走。

♡——可締結良緣，婚後將是最有默契的一對。

★——二人的緣分不錯，成為熱戀中的情侶。

❊——緣分普通。

◆——要繼續交往的話，需多加努力。

◉——緣分不佳，仍需控制自己的情緒。

蛇				龍				兔				虎				牛				鼠				他／妳	
AB	O	B	A	AB	O	B	A	AB	O	B	A	AB	O	B	A	AB	O	B	A	AB	O	B	A		
◉	❀	◆	◆	♡	♡	★	❀	◆	❀	◆	◉	◆	◉	❀	★	★	♡	★	♡	◆	★	❀	◆	A	鼠
❀	◆	◆	◉	★	♡	★	★	❀	★	◆	◆	◆	❀	◆	◆	★	★	♡	★	❀	★	❀	❀	B	
❀	◆	❀	◆	♡	★	♡	♡	◆	◆	◉	❀	❀	❀	◆	◆	★	★	★	♡	❀	◆	❀	★	O	
◆	❀	◆	◆	★	♡	★	★	◆	◆	❀	❀	❀	❀	◆	❀	❀	♡	★	★	◉	❀	◆	❀	AB	
★	★	★	♡	❀	❀	❀	◆	◉	❀	❀	◆	◆	◉	◆	★	❀	❀	❀	◉	★	♡	★	★	A	牛
★	★	♡	★	◆	◆	◆	❀	❀	❀	◆	❀	◆	◉	◆	★	❀	◆	❀	❀	★	♡	★	★	B	
★	♡	★	★	❀	❀	❀	❀	❀	◆	❀	❀	◆	◉	❀	❀	❀	❀	◆	❀	★	★	★	♡	O	
♡	★	★	★	❀	❀	❀	❀	◆	❀	❀	❀	◆	◉	◆	❀	◉	◆	◉	❀	★	♡	★	★	AB	
❀	★	❀	◆	❀	❀	❀	★	❀	★	★	◆	❀	❀	❀	❀	◆	★	★	◆	◆	★	◆	◆	A	虎
❀	★	◆	◆	◆	❀	★	◆	❀	★	◆	◆	❀	◆	◆	❀	◆	★	★	◆	❀	❀	❀	◆	B	
❀	◆	★	★	❀	★	❀	❀	❀	◆	★	★	◆	◆	◆	◆	◆	★	★	◆	◆	❀	◆	★	O	
◆	❀	❀	◆	★	◆	❀	❀	◆	◆	❀	◆	❀	❀	❀	❀	◆	◆	❀	❀	◆	❀	❀	◉	AB	
❀	★	❀	◆	❀	❀	❀	★	❀	❀	❀	◉	◆	◆	❀	★	❀	◉	◉	❀	❀	❀	◆	★	A	兔
❀	★	◆	❀	❀	◆	❀	★	❀	❀	◉	❀	❀	◆	❀	❀	◉	❀	❀	◉	❀	❀	◆	❀	B	
❀	◆	★	★	❀	❀	★	❀	◆	◉	❀	❀	◆	★	◆	❀	◉	◆	❀	◉	❀	◆	◆	❀	O	
◆	★	❀	❀	★	❀	◆	❀	◉	❀	❀	◆	❀	❀	❀	❀	◆	◉	◉	❀	❀	❀	★	❀	AB	
❀	◆	◆	◆	❀	◆	❀	◉	◆	❀	◆	❀	❀	◉	◆	❀	❀	★	❀	◆	★	♡	★	♡	A	龍
❀	❀	❀	❀	❀	❀	◉	❀	◆	❀	◆	❀	◉	❀	❀	◆	❀	★	◆	❀	★	★	♡	★	B	
❀	❀	❀	◆	❀	◉	❀	◆	❀	◆	❀	❀	◆	❀	❀	◆	★	◆	★	★	★	♡	★	♡	O	
❀	◆	◆	❀	❀	❀	❀	❀	◆	◆	❀	◆	❀	◆	◉	❀	◆	❀	★	❀	♡	★	★	♡	AB	
❀	★	◆	❀	❀	❀	❀	◉	❀	❀	❀	◆	◆	❀	❀	❀	★	♡	★	★	◆	◆	❀	◉	A	蛇
★	★	◆	❀	❀	◉	◆	❀	❀	❀	◆	❀	❀	❀	◆	◆	★	♡	★	★	◉	❀	❀	◉	B	
❀	◆	★	★	❀	❀	◉	❀	❀	◆	❀	❀	❀	◆	◆	❀	♡	★	♡	♡	◆	◆	❀	❀	O	
❀	❀	★	◆	◉	❀	❀	❀	❀	◆	❀	❀	◆	◆	❀	❀	♡	♡	★	★	❀	❀	◆	◆	AB	

好♡→★→❀→◆→◉壞

妳＼他		豬				狗				雞				猴				羊				馬			
		AB	O	B	A	AB	O	B	A	AB	O	B	A	AB	O	B	A	AB	O	B	A	AB	O	B	A
鼠	A	❀	◆	❀	★	❀	◆	◉	◉	◆	❀	◆	◆	★	♡	★	★	◉	❀	◉	◆	❀	★	❀	❀
	B	◆	◆	❀	★	❀	❀	◉	◉	◆	❀	❀	◆	★	♡	★	★	❀	❀	◆	◆	❀	★	❀	❀
	O	♡	◆	❀	❀	❀	◆	◆	◆	◆	◆	❀	❀	♡	★	♡	♡	❀	❀	❀	❀	❀	❀	★	★
	AB	◆	◆	❀	❀	❀	◆	◆	◆	◆	❀	❀	◉	★	♡	❀	★	◉	❀	❀	❀	◆	★	❀	❀
牛	A	❀	❀	❀	★	◆	◆	❀	◉	★	★	★	♡	❀	◆	❀	❀	❀	★	❀	❀	❀	◉	❀	◆
	B	❀	❀	★	❀	❀	❀	❀	❀	★	♡	★	★	❀	◆	❀	❀	❀	★	❀	❀	❀	◉	◆	❀
	O	❀	❀	◆	◆	◆	◆	❀	◆	★	★	♡	★	❀	❀	◆	◆	★	❀	★	★	❀	◆	◉	◉
	AB	★	❀	◆	◉	♡	◆	❀	◆	♡	★	★	★	❀	❀	❀	❀	❀	★	❀	❀	◆	❀	❀	❀
虎	A	❀	❀	◉	◉	♡	★	★	♡	◆	❀	❀	◆	★	❀	❀	★	◉	❀	❀	◉	★	♡	★	★
	B	❀	❀	◉	◉	★	♡	♡	★	◉	◆	◆	◉	❀	★	★	❀	❀	◆	◉	❀	♡	♡	★	★
	O	◆	◆	❀	❀	★	♡	♡	★	❀	❀	❀	❀	❀	★	★	❀	❀	◉	◆	❀	★	★	♡	♡
	AB	◉	◉	❀	❀	♡	★	★	♡	❀	❀	❀	❀	★	❀	❀	★	◉	❀	❀	◉	★	♡	★	★
兔	A	♡	♡	★	★	★	♡	★	★	❀	❀	★	★	◉	❀	❀	◆	★	♡	★	★	★	◆	◆	★
	B	♡	♡	★	★	♡	♡	★	★	❀	❀	★	★	❀	❀	◆	❀	♡	♡	★	★	◆	◆	❀	◆
	O	★	★	★	★	★	★	♡	♡	★	★	❀	❀	❀	◆	❀	❀	★	★	♡	♡	◆	❀	◆	◆
	AB	★	★	★	★	★	★	♡	★	★	★	❀	❀	◆	❀	❀	◉	★	★	♡	★	★	◆	◆	★
龍	A	◆	❀	❀	◆	♡	★	★	❀	★	♡	★	★	♡	★	★	♡	❀	❀	◆	◆	◆	❀	❀	★
	B	❀	❀	◆	◆	★	★	❀	★	★	♡	★	★	★	★	♡	★	❀	❀	◆	◆	◆	❀	★	❀
	O	❀	❀	◆	❀	★	❀	★	★	♡	★	♡	♡	★	♡	★	★	◆	❀	❀	❀	❀	❀	❀	❀
	AB	❀	◆	❀	❀	❀	★	★	♡	★	♡	★	★	♡	★	★	♡	❀	◆	❀	❀	★	❀	◆	◆
蛇	A	❀	❀	❀	★	❀	◆	❀	❀	♡	★	★	♡	❀	◆	❀	★	❀	◆	❀	❀	❀	❀	◆	◆
	B	❀	❀	★	❀	◆	◆	❀	❀	★	★	♡	★	❀	❀	★	❀	◆	❀	❀	❀	❀	❀	◆	◆
	O	❀	★	❀	❀	❀	❀	◆	◆	★	♡	★	★	◆	★	◆	◆	❀	❀	◆	◆	❀	◉	❀	❀
	AB	★	❀	❀	❀	◆	◆	◆	❀	♡	★	★	♡	★	◆	❀	❀	❀	❀	◆	◆	◆	❀	◉	◉

蛇				龍				兔				虎				牛				鼠				他／妳	
AB	O	B	A	AB	O	B	A	AB	O	B	A	AB	O	B	A	AB	O	B	A	AB	O	B	A		
❀	◆	◆	❀	❀	❀	❀	◆	❀	◆	❀	❀	♡	★	★	♡	❀	❀	❀	◆	❀	❀	❀	★	A	馬
◆	❀	❀	◆	❀	◆	◉	❀	❀	◆	❀	❀	★	★	♡	★	❀	❀	◆	❀	★	★	♡	❀	B	
◆	❀	❀	◆	❀	◉	◆	❀	◆	❀	◆	◆	★	♡	★	★	❀	◆	❀	❀	❀	★	❀	❀	O	
❀	◆	◆	❀	◆	❀	❀	❀	❀	◆	❀	❀	♡	★	★	♡	◆	❀	❀	❀	★	❀	❀	❀	AB	
❀	★	★	❀	❀	◆	❀	❀	★	★	♡	♡	❀	◆	◆	❀	❀	★	★	❀	◆	❀	❀	◆	A	羊
❀	❀	❀	◆	❀	◆	❀	◆	★	♡	♡	♡	❀	◆	◆	❀	★	★	❀	❀	❀	❀	❀	◆	B	
◆	★	❀	❀	◆	◆	❀	❀	★	★	♡	♡	❀	◆	◆	❀	★	❀	★	★	◆	❀	❀	◆	O	
◆	★	❀	❀	◆	◆	❀	❀	★	★	♡	★	❀	◆	◆	❀	❀	★	★	❀	◆	❀	◉	◆	AB	
◆	❀	❀	◆	♡	★	★	♡	◆	❀	◆	◆	❀	★	★	❀	◆	❀	❀	◉	★	♡	★	♡	A	猴
❀	❀	❀	◉	★	★	♡	♡	◉	❀	❀	◉	★	❀	★	❀	❀	❀	◆	◉	♡	★	★	♡	B	
❀	❀	❀	◉	♡	♡	★	★	◆	❀	❀	◆	★	❀	★	❀	◉	◆	❀	❀	★	★	♡	★	O	
◆	❀	★	◆	♡	★	★	♡	◆	❀	◆	◆	❀	★	★	❀	◉	❀	❀	◆	★	♡	♡	★	AB	
♡	★	★	♡	★	♡	★	♡	★	★	❀	★	❀	◉	◆	◆	♡	♡	♡	★	❀	❀	❀	❀	A	雞
♡	♡	♡	★	♡	♡	♡	★	★	★	★	❀	◆	◆	◆	◆	★	♡	♡	★	◆	◆	❀	◆	B	
♡	♡	♡	★	♡	♡	♡	♡	★	★	❀	❀	◆	◆	◆	◆	★	♡	♡	★	◆	◆	◆	◆	O	
♡	★	★	♡	♡	♡	★	★	❀	❀	★	★	❀	◉	◆	❀	★	♡	♡	★	❀	◆	◆	❀	AB	
◆	◆	◆	◉	❀	★	★	★	♡	♡	★	★	★	★	★	♡	❀	❀	◆	❀	❀	❀	❀	◆	A	狗
◆	◆	◉	◆	❀	★	★	★	★	♡	★	★	♡	♡	★	♡	❀	❀	◆	❀	❀	❀	◆	◉	B	
◆	◆	◉	◆	★	★	❀	❀	★	♡	★	★	★	★	★	♡	◆	◆	❀	◆	❀	❀	◆	◆	O	
◆	◆	◆	◉	★	★	❀	❀	♡	♡	★	★	♡	♡	♡	♡	◆	◆	❀	◆	❀	❀	❀	◆	AB	
★	❀	❀	❀	◆	❀	❀	❀	★	♡	★	♡	❀	◉	◆	❀	◆	❀	❀	◆	❀	❀	❀	❀	A	豬
★	★	❀	❀	❀	❀	❀	❀	♡	♡	★	★	❀	❀	◆	❀	❀	◆	◆	❀	❀	◆	❀	◆	B	
★	★	★	★	❀	◆	◆	❀	★	★	★	♡	❀	❀	◆	❀	❀	❀	❀	❀	◉	◉	◉	◉	O	
❀	★	❀	❀	❀	❀	❀	◆	♡	★	♡	♡	❀	◉	◆	❀	❀	◆	◆	❀	❀	◆	❀	◆	AB	

好♡→★→❀→◆→◉壞

妳＼他		豬				狗				雞				猴				羊				馬			
		AB	O	B	A	AB	O	B	A	AB	O	B	A	AB	O	B	A	AB	O	B	A	AB	O	B	A
馬	A	◆	❀	❀	◆	★	★	★	♡	❀	◉	❀	◆	❀	◆	❀	❀	♡	★	♡	♡	◆	❀	◆	◆
	B	◆	❀	◆	◆	★	★	♡	★	❀	◆	◆	❀	❀	◆	❀	❀	★	♡	♡	♡	◆	❀	◆	◆
	O	◆	❀	❀	◆	♡	♡	★	★	◆	❀	❀	◆	◆	❀	◆	◆	★	★	★	★	❀	◆	❀	❀
	AB	◆	❀	❀	◆	♡	★	★	♡	❀	❀	◆	❀	❀	◆	❀	❀	♡	★	★	♡	◆	❀	◆	◆
羊	A	♡	★	★	♡	◉	❀	❀	❀	◆	❀	❀	❀	◆	◆	❀	❀	◆	❀	❀	◆	★	★	★	♡
	B	★	♡	★	♡	❀	❀	◉	◆	❀	◆	❀	❀	❀	◆	◆	❀	❀	❀	◉	❀	♡	♡	★	★
	O	♡	♡	★	★	◆	❀	❀	❀	❀	❀	◆	❀	❀	◉	❀	❀	❀	◉	❀	❀	♡	★	♡	♡
	AB	★	★	♡	♡	◉	❀	❀	◉	❀	❀	❀	◆	◆	◉	❀	❀	◉	❀	❀	◆	♡	★	★	♡
猴	A	❀	◉	◆	❀	◆	❀	◆	◆	❀	◆	❀	❀	◆	◆	❀	❀	◉	❀	❀	◉	◆	❀	◆	★
	B		❀	◆	❀	❀	❀	❀	◉	◆	◆	❀	❀	◆	◆	❀	❀	◉	❀	❀	◉	❀	❀	❀	◆
	O	◆	❀	❀	❀	❀	❀	❀	◆	❀	◆	❀	❀	❀	❀	◆	★	◉	❀	❀	◉	❀	❀	◆	❀
	AB	◆	❀	❀	❀	◆	❀	❀	◆	❀	◉	❀	❀	❀	❀	◆	◆	◉	❀	❀	◉	◆	★	❀	◆
雞	A	❀	◆	❀	◉	❀	❀	❀	◆	❀	◆	◆	◉	❀	❀	◉	❀	◉	◆	◆	◉	❀	◆	❀	❀
	B	❀	❀	❀	◆	◆	❀	❀	◆	◆	❀	◉	◆	❀	❀	◉	❀	◆	◉	◉	◆	❀	❀	❀	❀
	O	❀	❀	❀	◆	◆	❀	❀	◆	◆	◉	❀	◆	❀	❀	◆	❀	◆	◆	◆	◆	❀	❀	❀	❀
	AB	❀	◆	◆	◆	❀	❀	❀	◆	◉	◆	◉	❀	❀	◆	◉	❀	◉	◆	◆	◉	❀	◆	❀	❀
狗	A	❀	◉	◆	❀	❀	◆	❀	◉	❀	◆	◉	❀	❀	❀	◉	◆	❀	◆	❀	◆	♡	★	★	♡
	B	❀	❀	❀	◆	◆	◆	◉	❀	❀	◉	◆	❀	❀	❀	◆	❀	◆	❀	◆	◉	♡	★	♡	♡
	O	❀	❀	◆	❀	❀	◉	◆	◆	❀	◆	◉	❀	❀	❀	◉	❀	❀	❀	◆	◉	♡	♡	★	♡
	AB	◆	◉	❀	◆	◉	❀	◆	❀	❀	◉	◆	❀	❀	❀	◉	◆	◉	❀	◆	◆	♡	★	★	♡
豬	A	❀	◉	◆	❀	❀	❀	❀	❀	❀	◉	❀	❀	❀	❀	◆	❀	★	♡	♡	★	❀	❀	◆	◉
	B	◉	❀	❀	◉	❀	❀	❀	❀	◉	◉	❀	◆	❀	◆	❀	❀	★	♡	♡	★	❀	❀	◆	◆
	O	❀	◉	◆	❀	❀	◆	◆	❀	❀	◆	◉	◉	◆	❀	❀	◆	★	♡	★	♡	❀	❀	❀	❀
	AB	❀	◆	❀	◆	❀	★	◆	◆	❀	◆	❀	❀	◉	❀	❀	◆	★	♡	★	♡	◆	❀	◆	◉

國家圖書館出版品預行編目資料

AB血型與十二生肖 / 萬年青 編著
——初版，——臺北市，品冠文化，2008〔民97.03〕
面；21公分，——（血型系列；4）
ISBN 978-957-468-592-9（平裝）
1.血型 2.生肖
293.6　　97000441

AB血型與十二生肖　ISBN 978-957-468-592-9

編　　著／萬年青
發行人／蔡孟甫
出版者／品冠文化出版社
社　　址／台北市北投區（石牌）致遠一路2段12巷1號
電　　話／（02）28233123・28236031・28236033
傳　　眞／（02）28272069
郵政劃撥／19346241
網　　址／www.dah-jaan.com.tw
E-mail／service@dah-jaan.com.tw
承印者／國順文具印刷行
裝　　訂／建鑫裝訂有限公司
排版者／弘益電腦排版有限公司
初版1刷／2008年（民97年）3月

定　價／180元

一億人閱讀的暢銷書！

4 ～ 26 集　定價300元　特價230元

.大金塊　5.青銅魔人　6.地底魔術王　7.透明怪人　8.怪人四十面相　9.宇宙怪人

恐怖的鐵塔王國　11.灰色巨人　12.海底魔術師　13.黃金豹　14.魔法博士　15.馬戲怪人

.魔人銅鑼　17.魔法人偶　18.奇面城的秘密　19.夜光人　20.塔上的魔術師　21.鐵人Q

假面恐怖王　23.電人M　24.二十面相的詛咒　25.飛天二十面相　26.黃金怪獸

品冠文化出版社

地址：臺北市北投區
致遠一路二段十二巷一號
電話：〈02〉28233123
郵政劃撥：19346241